O amor pelos animais

Solicite nosso catálogo completo, com mais de 500 títulos, onde você encontra as melhores opções do bom livro espírita: literatura infantojuvenil, contos, obras biográficas e de autoajuda, mensagens espirituais, romances, estudos doutrinários, obras básicas de Allan Kardec, e mais os esclarecedores cursos e estudos para aplicação no centro espírita – iniciação, mediunidade, reuniões mediúnicas, oratória, desobsessão, fluidos e passes.

E caso não encontre os nossos livros na livraria de sua preferência, solicite o endereço de nosso distribuidor mais próximo de você.

Edição e distribuição

EDITORA EME
Avenida Brigadeiro Faria Lima, 1080 – Vila Fátima
CEP 13369-040 – Capivari-SP
Telefones: (19) 3491-7000 | 3491-5449
Vivo (19) 9 9983-2575 ☺ | Claro (19) 9 9317-2800
vendas@editoraeme.com.br – www.editoraeme.com.br

@editoraeme   /editoraeme   editoraemeoficial   @EditoraEme

Ricardo Orestes Forni

O amor pelos animais

Capivari-SP

© 2012 Ricardo Orestes Forni

Os direitos autorais desta obra foram cedidos pelo autor para a Editora EME, o que propicia a venda dos livros com preços mais acessíveis e a manutenção de campanhas com preços especiais a Clubes do Livro de todo o Brasil.

A Editora EME mantém ainda o Centro Espírita Mensagem de Esperança e patrocina, com outras empresas, instituições de atendimento social de Capivari-SP.

12ª reimpressão – agosto/2025 – de 16.001 a 16.500 exemplares

CAPA | Abner de Almeida
DIAGRAMAÇÃO | Antonio do Carmo Martimbianco
REVISÃO | Editora EME

Ficha catalográfica

Forni, Ricardo Orestes, 1947 -
    O amor pelos animais / Ricardo Orestes Forni – 12ª reimp.
ago. 2025 – Capivari, SP : Editora EME.
    176 p.

    1ª ed. mar. 2012
    ISBN 978-85-7353-480-1

1. Amor aos animais. 2. Alma dos animais.
3. Evolução dos animais. 4. Evolução segundo o espiritismo.
I. Título

CDD 133.9

Sumário

Gratidão 7

Esclarecimento 11

Dedicatória 13

Jesus e os animais 15

Amor? Por animais?! 19

A teia de aranha 27

Os animais possuem uma alma?! 37

A dor dos animais 47

Carne: comer ou não comer? 59

Os animais possuem mediunidade? 69

Padre Germano e o cão Sultão 87

O lamento de Padre Germano 103

Os animais evoluem? 115

Ensinamentos de André Luiz 131

Quem ama, protege 149
Diário de um cão 159
O apelo de Cairbar Schutel 165
Frases soltas 171
Bibliografia 175

Gratidão

Pena é que os homens só vejam os animais para oprimi-los, maldizê-los, a ponto de lhes negar o princípio de vida, cujos direitos o Supremo Criador não deixou de conceder aos nossos irmãos inferiores.

Cairbar Schutel

REVERENCIO AS EDITORAS e os autores que na literatura espírita tiveram a coragem de nos falar sobre os animais, criaturas de Deus e, portanto, nossos irmãos.

Agradeço a eles em nome desses seres tão agredidos, infelizmente, pela insensibilidade e prepotência do ser humano que se julga o máximo na obra da Criação.

Qual seria a opinião dos Espíritos que já atingiram a perfeição sobre a nossa Humanidade que executa a sua penosa jornada evolutiva no momento atual do planeta, caracterizada por tantos crimes, tanta violência, tanta impunidade, tanto desamor?

Da mesma forma como vivemos a implorar socorro àqueles que estão à nossa frente, devemos benevolência e caridade para com todos os seres que nos sucedem no caminho em busca da perfeição.

Esse raciocínio é decorrente do fato de ser a Justiça Divina absolutamente perfeita, de uma perfeição tal que não conseguimos compreendê-la acabando por deturpá-la de acordo com a nossa ignorância e conveniências.

Reflitamos nisso abrindo mão do orgulho e da vaidade que ainda caracterizam nosso ser para que possamos compreender a Natureza, manifestação de Deus em tudo que Ele criou, a tal ponto de podermos nos expressar como Francisco de Assis quando ele dizia: irmão Sol, irmã Lua, irmão Lobo...

Cântico do irmão sol ou das criaturas

Altíssimo, onipotente e bom Senhor
Teus são o louvor, a glória, a honra e toda a bênção
Só a ti, Altíssimo, são devidos,
E homem algum é digno de te mencionar.

Louvado sejas meu Senhor,
Com todas as Tuas criaturas,
Especialmente o senhor irmão Sol,

Que clareia o dia
E com sua luz nos alumia
Ele é belo e radiante com grande esplendor.
De ti, Altíssimo, é a imagem.

Louvado sejas, meu Senhor,
Pela irmã Lua e as Estrelas,
Que no céu formaste claras.

Louvado sejas, meu Senhor,
Pelo irmão Vento,
Pelo ar, ou nublado
Ou sereno, e todo o tempo,
Pelo qual às Tuas criaturas dás sustento.

Louvado sejas, meu Senhor
Pela irmã Água,
Que é mui útil e humilde
E preciosa e casta.

Louvado sejas, meu Senhor,
Pelo irmão Fogo
Pelo qual iluminas a noite.
E ele é belo e jucundo e vigoroso e forte.

Louvado sejas, meu Senhor,
Pela nossa irmã e mãe Terra,
Que nos sustenta e governa,

E produz frutos diversos
E coloridas flores e ervas.

Louvado sejas, meu Senhor,
Pelos que perdoam por Teu amor,
E suportam enfermidades e tribulações.
Bem-aventurados os que as sustentam em paz,
Que por ti, Altíssimo, serão coroados.

Louvado sejas, meu Senhor,
Por nossa irmã, a morte corporal,
Da qual homem algum pode escapar.
Ai dos que morrerem em pecado mortal!
Felizes os que ela achar
Conformes à Tua santíssima vontade,
Porque a morte segunda não lhes fará mal!

Louvai e bendizei ao Senhor,
E dai-lhe graças,
E servi-o com grande humildade.

Francisco de Assis

Esclarecimento

ESSE LIVRO, NAS mãos daqueles que já amam os animais, reforçará a certeza de que esse amor deve continuar e ser ampliado cada vez mais.

Nas mãos daqueles que se simpatizam com os animais, sem, entretanto, amá-los, será um convite para que se entreguem a esse amor.

Nas mãos daqueles que são indiferentes à existência desses irmãos menores, será uma oportunidade para despertarem para o exercício do amor.

Contudo, nas mãos daqueles que, gratuitamente, não gostam dos animais, não tem, absolutamente, a intenção de julgá-los.

Dedicatória

PEDIMOS LICENÇA a todas as pessoas para dedicarmos esse livro à nossa cachorrinha – Vitória –, que durante dez anos nos proporcionou muita felicidade e recebeu de nós muito amor. O nome *Vitória* não se trata de um luxo, mas é a referência às batalhas que ela enfrentou quando nasceu para sobreviver. Infelizmente, a vitória final não foi possível e Vitória partiu. Como seres imortais que somos, pedimos a Deus a oportunidade de um novo reencontro pela estrada da imortalidade.

Jesus e os animais

RECORDO COM OS amigos e as amigas, a página de Humberto de Campos contida no livro *Antologia mediúnica do Natal*, FEB, Rio de Janeiro, ano de 1982, 2.ª edição, página 140, onde o autor nos fala dos animais participando do nascimento de Jesus:

> Entretecíamos animada conversação, em torno dos abusos da mesa nas comemorações natalinas, com o parecer do grave Jonathan ben Asser, que asseverava a conveniência de ater-se o homem ao sacrifício dos animais apenas quanto ao estritamente necessário, quando o velho Ebenezer ben Aquim, orientador de grupos hebraicos do Mundo Espiritual, tomou a palavra e se exprimiu conciso:

— Talvez não saibam vocês quanto devemos aos bichos na manifestação do Evangelho.

E ante a nossa curiosidade, narrou, comovido:

— Há muitos anos, ouvi do rabi Eliúde, que se encontra agora nas esferas superiores, interessantes minudências em torno do nascimento de Jesus. Contou-nos esse antigo mentor dos israelitas desencarnados que a localização de José da Galileia e da companheira nos arredores de Belém de Judá não foi assim tão fácil.

O casal, que se compunha da jovem Maria, tocada de singular formosura, e do patriarca que a recebera por esposa, em madureza provecta, entrou na cidade quando as ruas e hospedarias se mostravam repletas.

Os descendentes do ramo de David reuniam-se aos magotes para atender ao recenseamento determinado pelo governo de Augusto.

Bronzeados cameleiros do deserto confraternizavam-se com vinhateiros de Gaza, negociantes domiciliados em Jericó entendiam-se com mercadores residentes no Egito.

Acompanhados por benemérita legião de Espíritos sábios e magnânimos, a cuja frente se destacava o abnegado Gabriel, que anunciara a Maria a vinda do Senhor, José e a consorte bateram primeiramente às portas da estalagem de Abdias, filho de Sadoc, que para logo os rechaçou com a negativa; entretanto, pousando os olhos malevolentes na jovem desposada, ensaiou graçola irreverente, o que fez que José, apreensivo, estugasse o passo para diante.

Recorreram aos préstimos de Jorão, usurário que alugava cômodos a forasteiros. O ricaço considerou, de imediato, a impossibilidade de acolhê-los, mas, ao examinar a beleza da moça nazarena, chamou à parte o enrugado carpinteiro e indagou se a menina era filha de escravos que se pudesse obter a preço amoedado... José, mais aflito, demandou à frente para esbarrar na pensão de Jacob, filho de Josias, antigo estalajadeiro, que declarou impraticável o alojamento dos viajantes; no entanto, ao fixar-se na recém-chegada, perguntou desabridamente como é que um varão, assim tão velho, tinha coragem de exibir uma jovem daquela raridade na praça pública. Deprimido, o ancião diligenciou alcançar pousada próxima; contudo, as invectivas de Jacob atraíram curiosos e vadios que cercaram o par, crivando-o de injúrias.

Os recém-vindos de Nazaré, vendo-se alvo de chufas e zombarias, tropeçavam humilhados...

Gabriel, no entanto, recorreu à prece, rogando o Amparo Divino, e diversos emissários do Céu se manifestaram, em nome de Deus, deliberando que a única segurança para o nascimento de Jesus se achava no estábulo, pelo que conduziram José e Maria para a casa rústica dos carneiros e dos bois...

Ebenezer, a seguir, comentou, bem-humorado:

— Não fossem os anfitriões da estrebaria e talvez a Boa Nova tivesse seu aparecimento retardado...

E terminou, inquirindo:

— Não será isso motivo para que os animais na Terra sejam poupados ao extermínio, pelo menos no dia de Natal?

E eu pergunto a você: não será isso motivo para que os animais na Terra sejam poupados ao extermínio em todos os dias para satisfazer à gula dos homens? Pergunto mais: não será isso motivo para que os animais da Terra recebam mais amor e menos indiferença por parte dos homens?

Não foram os animais mais receptivos à vinda do Redentor da Humanidade do que os homens que o levaram para a crucificação?

Amor? Por animais?!

QUANTAS PESSOAS não torcem os lábios quando se fala em gostar de animais? Que se dirá, então, quando falamos em amá-los!
    Amor a um "bicho"?!
    Vamos antes discutir o que seja amar. Você sabe o que é amar? Enquanto pensa, recordemos o ensinamento de Joanna de Ângelis no livro *O homem integral*, psicografia de Divaldo, LEAL Editora, ano 2000, 11.ª edição, página 120:

> O amor é uma conquista do espírito maduro, psicologicamente equilibrado; usina de forças para manter os equipamentos emocionais em funcionamento harmônico. É uma forma de negação de si mesmo em autodoação ple-

nificadora. Não se escora em suspeitas, nem exigências infantis; *elimina o ciúme e a ambição de posse*, proporcionando inefável bem-estar ao ser amado que, *descomprometido com o dever de retribuição*, também ama. Quando, por acaso, *não correspondido, não se magoa nem se irrita*, compreendendo que o seu é o objetivo de doar-se, e não de exigir. Permite a liberdade ao outro, que a si mesmo se faculta, sem carga de ansiedade ou de compulsão.

Os destaques no trecho são de minha autoria. Vamos recordar esses destaques: "elimina o ciúme e a ambição de posse"; "quando não correspondido, não se magoa nem se irrita".

É assim que você ama? Você é capaz de comportar-se assim em relação a quem ama? Comportamo-nos dessa maneira em relação ao nosso marido ou esposa? Comportamo-nos assim em relação aos nossos filhos? Na relação entre noivos ou namorados é esse tipo de amor que desenvolvemos? Ou empregamos sempre o pronome possessivo "meu", "minha"? O meu marido. A minha esposa. O meu filho ou a minha filha. Não é assim? E então, sabemos o que é o amor?

Francisco de Assis sabia. Por isso ele foi capaz de amar toda a obra da Criação.

Mas, amar um "bicho"?! É bom que se esclareça que amar os animais não significa colocá-los à mesa para comer conosco ou na cama para dormir em companhia do dono.

Aliás, esse termo "dono" é muito pesado, é muito comprometedor. Não somos donos do animal. Ele foi criado por Deus. O animal está em nossa companhia, não para ser nossa posse, mas para ser mais um companheiro de jornada que também realiza sua jornada evolutiva, como veremos nos capítulos à frente. Amar o animal é respeitá-lo na situação em que a Natureza, expressão do próprio Deus, colocou esse ser para evoluir. É prover-lhe o alimento e o abrigo. O amparo na enfermidade e na velhice. Amar os animais significa principalmente não nos transformarmos em motivo de sofrimento para eles.

Vejamos uma passagem de *O Evangelho segundo o Espiritismo*, IDE, Araras, 333.ª edição, ano 2006, página 147, capítulo XI, item 9, na qual algumas pessoas pensam encontrar argumentos para justificar que "não se chegue ao exagero", dizem elas, de propor o amor pelos animais:

> O amor é de essência divina, e, desde o primeiro até o último, possuis no fundo do coração a chama desse fogo sagrado. É um fato que pudestes constatar muitas vezes; o homem mais abjeto, o mais vil, o mais criminoso, tem por um ser, ou por um objeto qualquer, uma afeição viva e ardente, à prova de tudo que tendesse a diminuí-la, e atingindo frequentemente, proporções sublimes.
>
> Disse eu por um ser ou por um objeto qualquer, porque existem entre vós indivíduos que dispensam tesouros de amor, dos quais seus corações transbordam, sobre ani-

mais, sobre plantas, e mesmo sobre objetos materiais: espécies de misantropos se queixando da Humanidade em
geral, resistindo contra a tendência natural de sua alma
que procura, ao seu redor, a afeição e a simpatia; eles re-
baixam a lei de amor ao estado de instinto.

Utilizar esse texto do Evangelho como crítica para
não dedicar amor aos animais não é válido porque a
proposta é de amar todas as partes da Criação, não apenas os animais, como prova de que amamos realmente
o Criador. Como ficar em paz com a própria consciência
quando dizemos que amamos a Deus e agredimos os seres menores da sua Criação? É óbvio que a pessoa que
se propõe a amar os seres menores não está dispensada
de amar os seres que já atingiram uma situação superior
na jornada evolutiva. De nada adianta amarmos a Natureza nos seus reinos vegetal e animal se a agredimos no
reino hominal. Contudo, alegar que devemos amor aos
nossos semelhantes de Humanidade não nos dispensa
do mesmo dever em relação aos demais seres da obra do
Pai. Quando se propõe o respeito e o amor a tudo que
não é criação do homem, não se pode ver nessa conduta
egoísmo ou atitude de misantropo.

O Evangelho segundo o Espiritismo, capítulo XV, item
5, traz o seguinte comentário de Allan Kardec:

> Caridade e humildade, tal a senda única da salvação.
> Egoísmo e orgulho, tal a da perdição. Este princípio se

acha formulado nos seguintes precisos termos de Jesus: 'Amarás a Deus de toda a tua alma e a teu próximo como a ti mesmo; toda a lei e os profetas se acham contidos nesses dois mandamentos'. E, para que não haja equívoco sobre a interpretação do amor de Deus e do próximo, acrescenta: 'E aqui está o segundo mandamento, que é semelhante ao primeiro', isto é, que não se pode verdeiramente amar a Deus sem amar o próximo, nem amar o próximo sem amar a Deus. Logo, tudo o que se faça contra o próximo é o mesmo que fazê-lo contra Deus. Não podendo amar a Deus sem praticar a caridade para com o próximo, todos os deveres do homem se resumem nesta máxima: fora da caridade não há salvação.

Evidentemente que muitas pessoas retrucarão que esse "próximo" não se trata de animais, mas sim do ser humano. Por quê? Quem criou o reino mineral, vegetal, animal, também não foi Deus? Com que objetivo? Para que esses seres da Criação fossem sempre pequeninos sem o direito de crescer como o próprio homem pretende até o reino angelical? Se devemos amar ao próximo na figura do ser humano que comete tantos crimes contra o seu semelhante, por que não amar ao animal que não tem a mesma maldade do homem? Essa atitude discriminatória estaria de acordo com a justiça perfeita? Com a justiça imperfeita dos homens pode ser que sim, mas com a justiça absolutamente correta, não!

Vamos caminhar mais um pouco. Um dia procurei

no *Dicionário Escolar da Língua Portuguesa* os significados da palavra "próximo". Você sabe todos os significados dessa palavra? Isso é muito importante porque no maior de todos os Mandamentos está escrito que devemos amar ao próximo como a nós mesmos e a Deus.

Muito bem. Um dos significados da palavra – próximo – é aquilo que está a uma pequena distância. Então, meu próximo não se refere exclusivamente a um ser humano, mas tudo o que está a curta distância. Dessa maneira, o vegetal, o animal que está perto, estão próximos! Tudo aquilo que não é obra do homem é criação de Deus e precisamos respeitar, precisamos aprender a amar. Se não amamos a criação, é mentira que amamos o Criador.

Querem ver como é assim mesmo? Suponha que alguma pessoa diz que ama você. Se essa pessoa maltratar a um filho seu, se essa pessoa atirar uma pedra em seu carro, você continuará acreditando que ela ama você? Suponho que não. Quem ama o Criador, ama a criatura, não pode ser diferente! Se dizemos que amamos a Deus e agredimos a sua criação poluindo os rios, poluindo a atmosfera, desmatando florestas em busca de mais dinheiro, maltratando os animais, apenas dizemos que amamos o Criador. Na verdade o desrespeitamos através de suas obras. E os animais são obra d'Ele. Ou não?

Agora, dá para entender por que Francisco de Assis, Espírito grandioso que iluminou as trevas terrestres, se manifestava dizendo: irmão Sol, irmã Lua, irmão Lobo? Ele realmente amava a Deus, por isso amava toda a sua criação. Ou será que Deus somente criou a nós, homens imperfeitos e recheados de extremo orgulho e vaidade? E aqueles que violentam os animais tratando-os como coisas insensíveis, como bichos, como se costuma dizer, amam a Deus? O que você acha? Quanto tempo ficaremos escondidos no esconderijo do orgulho e da vaidade, julgando-nos a obra máxima de Deus? Conforme ensina Cairbar Schutel em seu livro *Gênese da Alma*, Casa Editora O Clarim, 6.ª edição, 1982, página 13:

O orgulho humano cavou um abismo intransponível entre o reino hominal e o reino animal.

A falta de estudo, de observação, de meditação, em uma palavra, a ignorância presunçosa permitiu o destaque do homem classificando-o como um ser à parte na Criação.

A velha legenda bíblica: 'façamos o homem à nossa imagem e semelhança', tomada à letra, não podia deixar de concorrer exuberantemente para a desclassificação dos animais da ordem hierárquica que prende todas as almas, sem solução de continuidade, sem lacunas apreciáveis.

A escala animal, situada num dos reinos da Natureza, não pode deixar de obedecer às irrevogáveis Leis de Deus, que se verificam em toda a Criação, desde o grão de areia soprado pelo vento dos desertos, ao mais fulgurante Sol que se agita e caminha com extraordinária velocidade nos desertos do Espaço, em demanda das grandes constelações, atraído pela força de gravitação.

Desse esconderijo de onde agredimos os seres vivos da Natureza só saímos quando a dificuldade maior se apresenta em nossas vidas e corremos, gemendo, como se fôssemos grandes merecedores, a pedir socorro aos Espíritos Superiores.

Com as mãos em súplica, levantamo-las em direção a Deus implorando socorro. São essas mesmas mãos que se levantam para ferir, para maltratar os animais, nossos irmãos...

E agora, você torceria os lábios como muitos fazem quando se propõe amor aos animais?

A teia de aranha

ANTES DA NOSSA explicação simples sobre a integração de Deus com o Universo, vamos às palavras de Herculano Pires com uma definição clássica retirada do livro *Concepção existencial de Deus*, Editora Paideia, São Paulo, 1981, 1.ª edição, página 35:

> Deus se revela na Natureza, como queria Camille Flammarion. E como pretendia Ernesto Bozzano, talvez se possa explicar cientificamente a ação de Deus em termos da antiga teoria do éter espacial, hoje revivida pela luz infravermelha dos físicos soviéticos, que impregna todo o Universo, ou pelo oceano de elétrons livres de Dirac, em que o Universo está mergulhado. Não se trata do Deus antropomórfico das religiões, do Velho Padre Eterno da

crença popular, nem mesmo do Iavé bíblico, esse caprichoso manipulador de bonecos de barro em que soprava o hálito da vida, e nem tão pouco do Brama indiano que gerava as castas segundo a hierarquia dos membros do seu corpo humano, mas de uma Inteligência Cósmica dotada de ciência e poder que a tudo se liga pelo seu magnetismo ou pelo seu pensamento, criando, sustentando e renovando as coisas e os seres no Infinito. Não é um Deus alheio ao destino da Criação, mas ligado a ela e em todas as minúcias e agindo segundo um plano em que todos os objetivos estão definidos.

Vemos nessa definição filosoficamente profunda do professor Herculano Pires, que Deus está intimamente ligado à obra de Sua Criação. Não é um Deus indiferente, que abandona os seres criados à sua própria sorte. É um Deus presente e extremamente interessado até nas minúcias daquilo que ocorre com as Suas criaturas.

Para entendermos porque devemos respeito e amor a toda obra da Criação Divina, vou dar um exemplo que você já viu no jardim de sua casa ou em algum outro local entre as árvores. Observe a aranha que tece os seus fios entre os galhos de alguma planta. Esses fios, de alguma maneira, estão entrelaçados e se comunicam transmitindo as vibrações para a aranha, sua construtora. Dependendo do tipo de toque que ela recebe, sabe se é uma presa capturada ou uma simples folha ou graveto que se enroscou entre os fios.

O Universo de Deus é, em proporções infinitas, como se fosse uma imensa teia. Tudo nele se comunica. Tudo nele troca experiências. Tudo nele foi construído com uma finalidade maior que escapa à nossa visão do imediatismo terrestre.

No mineral, no vegetal e no reino animal, tudo tem uma razão de ser, um objetivo maior que transcende àquilo que vemos. Encontramos em nosso esqueleto que sustenta o corpo físico que utilizamos, elementos do reino mineral. Do reino vegetal temos a glicose, a água abundante e um perfeito sistema circulatório que se ensaiou em muitas espécies vegetais.

Precisamos enxergar além do momento presente e além dos limites da matéria grosseira. Francisco de Assis enxergava. Por isso, expressava seu imenso amor pela obra de Deus quando dizia irmão Sol, irmã Lua, irmão Lobo.

A doutrina espírita nos proporciona os ensinamentos que nos permitem enxergar além dos estreitos limites da matéria. Só não podemos deixar que a cegueira da vaidade e do orgulho nos vença.

Vejamos uma página de Emmanuel do livro *Alvorada do Reino*, da Editora IDEAL, 1.ª edição, 1988, página 78, intitulada *Na senda da ascenção*:

O animal caminha para a condição do homem, tanto quanto o homem evolui no encalço do anjo.

Desse modo, se pedes proteção e arrimo aos que te

precederam na vanguarda do progresso e se aguardas a assistência dos benfeitores que, de Mais Alto, te observam as esperanças, compadece-te também das criaturas humildes que laboriosamente se agitam na retaguarda, peregrinando ao teu encontro.

Se é justo esperar pelo amor que verte sublime, do Céu, em teu benefício, é preciso derramar esse mesmo amor nas furnas da Terra, a que consciências fragmentárias se acolhem, contando contigo para que se eduquem e aperfeiçoem.

Para o homem, o anjo é o gênio que representa a Providência Divina e para o animal o homem é a força que representa a Divina Bondade.

Recorda os elos sagrados que nos ligam uns aos outros na estrada evolutiva e colabora na extinção da crueldade com que até hoje pautamos as relações com os nossos irmãos menores.

Lembra-te do mel que te angaria medicação, da lã que te oferece o agasalho, da tração que te garante a colheita farta e do estábulo que te assegura reconforto e sejamos mais humanos para com aqueles que aspiram a nossa posição, dentro da Humanidade.

Auxilia aos que te seguem os passos e mantém a certeza de que receberás em pagamento de paz e luz o concurso daqueles que te antecederam no acesso às culminâncias da Vida Maior.

A proposta de amor para com os animais é uma

proposta de amar um dos reinos da Natureza, criação de Deus.

Não é amar o veículo físico do animal. É amar aquilo que estagia nesse corpo para aprender a crescer, exatamente como estagiamos no corpo material para nos elevarmos. O ser que nele habita também sente fome como você sente. O ser que nele habita também sente sede como você sente. O ser que ali estagia sente o frio do inverno como você sente. O ser que ali realiza o seu estágio evolutivo também sente dor quando agredido, quando vitimado por uma doença. Ele só não sabe manifestar o que está sentindo. E, o que é o pior, o ser que ali está na sua frente sente, e muito, a dor do abandono como você também sentiria, como sentem as crianças que não receberam o calor de um colo materno e a doçura das palavras de uma mãe. Muitos cães, quando abandonados, vagam pelas ruas até encontrarem a morte sem compreenderem o motivo desse abandono já que a única coisa que deram aos donos foi a fidelidade incondicional. Se você acha que estou exagerando a sensibilidade dos animais, preste atenção num fato que aconteceu com o consagrado músico Mozart. Ele morreu extremamente pobre e longe dos familiares que estavam de viagem. Como não tinha dinheiro, foi enterrado em uma vala comum do cemitério. Quando a esposa de Mozart ficou sabendo, retornou rapidamente para casa e foi, desesperada, procurar o local onde o corpo do marido havia sido sepultado. Você sabe qual foi a maneira como ela conseguiu descobrir o lugar onde o corpo estava como indigente? Através do cachorro da família que morreu congelado ao lado da cova onde Mozart tivera seu corpo material sepultado! Cairbar Schutel no livro *Gênese da alma*, Casa Editora O Clarim, 1982, 6.ª edição, nos conta um outro acontecimento verídico que passamos a relatar para demonstrar o afeto e a sensibilidade do animal pelo homem:

> Na corte do Rei Carlos V, da França, havia um fidalgo de nome Macaire, que muito invejava um dos seus companheiros, Aubry de Montdidier, favorecido pelo rei. Macaire decidiu assassinar Aubry.
>
> Um dia esperou-o na floresta de Bondy e matou-o.
>
> Ninguém testemunhou o crime, salvo o cão de Aubry, um grande galgo.
>
> O assassino enterrou a vítima no mesmo lugar em que ela caíra, e o cão durante muitos dias dali não se afastou.
>
> Finalmente, impelido pela fome, partiu em direção a Paris, e foi pedir comida aos amigos de Montdidier, voltando em seguida para o ponto em que jazia o corpo do seu dono. Muitas vezes fez o mesmo trajeto.
>
> Finalmente, intrigados por seus gemidos, os amigos de Aubry tiveram a curiosidade de o seguir; e, na floresta, removendo a terra, acharam o cadáver.
>
> Alguns dias após, o galgo, que fora recolhido por um parente do assassinado, avistou Macaire, num grupo de fidalgos e sem hesitação saltou-lhe ao pescoço.

O rei, que a morte do seu favorito havia entristecido, foi informado e ordenou que a experiência se repetisse na sua presença.

Foi trazido o cão, em seguida entrou Macaire, dissimulando-se entre numerosos cortesãos.

O animal não hesitou um instante: correu até ele e atacou-o com violência.

Um inquérito determinou certas provas contra aquele fidalgo, que continuou, no entanto, a afirmar a sua inocência.

— Vamos – resolveu o rei – apelar para o julgamento de Deus.

Foram conduzidos para a ilha de São Luís, o cão e Macaire. Começou o duelo.

Num campo fechado entrou Macaire, armado de um bastão. O galgo tinha por defesa um tonel aberto nas duas extremidades, onde ele podia refugiar-se.

O combate foi curto. O animal, correndo em torno de seu adversário, evitava o bastão, quando, de súbito, saltou à garganta do fidalgo. O homem fez sinal para que o libertassem, pois diria a verdade.

Conduzido à presença de Carlos V, confessou o crime, sendo, em seguida, enforcado.

Passo a você atitudes de solidariedade, agora entre animais, contido no livro *A evolução anímica* de Gabriel Delanne, 12.ª edição, FEB, Rio de Janeiro, ano de 2010. Relata o eminente pesquisador na página 72:

Um cão fila aventurava-se adentro do lago congelado, quando, súbito, se quebrou o gelo e ele resvalou n'água, tentando em vão libertar-se. Perto, flutuava um ramo e o fila se lhe agarrou, na esperança de poder alçar-se. Um (cão) terra-nova que, distante, assistira ao acidente, decidiu-se, rápido, a prestar socorro. Meteu-se pelo gelo, caminhando com grande precaução, e não se aproximou da fenda mais que o suficiente para agarrar com os dentes a extremidade do ramo e puxar a si o companheiro, dessarte lhe salvando a vida.

Permita-me um outro exemplo narrado por Delanne: "refere Darwin que o capitão Stransbury encontrou num lago salino do Utah um velho pelicano completamente cego e aliás muito gordo, que devia o seu bem-estar, de longa data, ao tratamento e assistência dos companheiros".

Para demonstrar a sensibilidade dos animais, utilizaremos mais um exemplo de Gabriel Dellane:

O Sr. de La Boussanelle, capitão de cavalaria do antigo regimento de Beauvilliers, comunica o seguinte: – Em 1757, um cavalo do meu esquadrão, já fora do serviço devido à idade, teve os dentes inutilizados a ponto de não poder mastigar o seu feno e a sua aveia. Verificou-se, então, que dois outros animais que lhe ficavam à esquerda e à direita, dele passaram a cuidar, retirando o feno da manjedoura e colocando-lhe à frente, depois de mastigado. O mesmo faziam com a aveia, depois de bem triturada. Esse curioso trabalho prolongou-se por dois meses, e mais durara, certo, se lá ficara o velho companheiro. Aí têm – acrescenta o narrador – o testemunho de toda uma companhia – oficiais e soldados.

Você ainda acha que exagero quando falo na sensibilidade dos animais? Têm eles ou não sentimento suficiente para sentir a dor do abandono?

Quando agredimos o veículo carnal de um animal, prejudicamos o instrumento do ser imortal que no animal habita. É como se alguém atirasse pedras na casa em que moramos. Quando amamos o animal, respeitando-o e amparando-o em suas necessidades, nas suas dificuldades, nas suas dores, estamos investindo no ser que nele habita e que sobrevive à morte. Exatamente como os Espíritos Superiores fazem conosco. Dessa maneira, de hoje em diante, quando você ver uma aranha na sua teia, lembre-se dessa integração dos reinos da Natureza sob a supervisão de Deus e, disponha-se a amar a Obra para demonstrar o seu amor ao Criador.

Falei em algo que sobrevive à morte nos animais. Pois é. Será que neles existe também alguma coisa chamada de... Alma?!

Mude de página e saberá.

Os animais possuem uma alma?!

NÃO SERIA EU a responder a essa pergunta tão séria. Deixo os leitores com a questão de número 597 de *O Livro dos Espíritos* em que Kardec pergunta diretamente o seguinte:

> Visto que os animais têm uma inteligência que lhes dá uma certa liberdade de ação, há neles um princípio independente da matéria?
> — Sim, e que sobrevive ao corpo.

Quando Kardec pergunta na questão de número 22 de *O Livro dos Espíritos*, que definição os espíritos davam de matéria, assim eles respondem:

— A matéria é o laço que retém o espírito; é o instrumento de que se serve e, ao mesmo tempo, sobre o qual exerce a sua ação.

Na questão de número 23, pergunta o codificador que é o espírito? E a resposta:

— O princípio inteligente do Universo.

Vemos com essas duas questões que os Espíritos Superiores separam a matéria do Espírito, atribuindo a esse a inteligência. Fica, então, bem claro o seguinte: matéria não se confunde com inteligência. São coisas distintas. Onde existe o Espírito ou alguma coisa que não seja apenas matéria, existe a inteligência, mas onde só existe a matéria, não encontramos a inteligência.

Agora levantamos outra questão: os animais possuem inteligência? Não estamos, evidentemente, falando de inteligência igual a do homem, mas alguma forma de raciocínio que vai além do que seja exclusivamente material? O animal consegue raciocinar? O que você acha? Recordemos o cientista Gabriel Delanne, em seu livro *A evolução anímica*, FEB, Rio de Janeiro, 12.ª edição, ano 2010, páginas 64 e 65:

Certa feita um abegão, através da sua janela, lobriga de madrugada uma raposa a conduzir o ganso apresado. Chegando rente ao muro, alto, de 1m20, a raposa tentou de um salto transpô-lo, sem largar a presa. Não o conseguiu, porém, e veio ao chão, para insistir ainda em três tentativas inúteis. Depois, ei-la assentada, a fitar e como que a medir o muro. Tomou, então, o partido de segurar o ganso pela cabeça, e, levantando-se de encontro ao muro, com as patas dianteiras, tão alto quanto possível, enfiou o bico do ganso numa frincha do muro. Saltando após ao cimo deste, debruçou-se jeitosamente até retomar a presa e atirá-la para o outro lado, não lhe restando, então, mais que saltar por sua vez, seguindo o seu caminho.

Que os animais refletem antes de tomar decisão, é o que acabamos de verificar com esta nossa raposa.

Vamos a mais exemplos de que o animal tem uma forma de raciocínio e, portanto, não se trata apenas de matéria? É novamente Delanne quem ensina:

> Um elefante esforçava-se, debalde, para captar uma moeda junto da muralha, quando, de súbito, pôs--se a soprar e, com isso, fez deslocar-se e rolar a moeda até o ponto em que ele se encontrava, conseguindo--o admiravelmente.
>
> Certa vespa dispunha-se a transportar a carcaça da mosca, quando notou que as asas ainda presas à mesma carcaça lhe dificultavam o voo. Que fez, então, a vespa? Pousou, cortou as asas da mosca e librou-se mais facilmente com o despojo.
>
> Um canguru, perseguido pelo cão, prestes lançou-se

ao mar, e aí, sempre acossado de perto, avançou n'água até que só a cabeça emergisse. Isso feito, aguardou o inimigo que nadava ao seu encontro, agarrou-o, mergulhou-o, e tê-lo-ia infalivelmente afogado, se o dono não acudisse a socorrê-lo.

E então, os animais têm ou não alguma espécie de raciocínio? Se você concorda que sim, é porque neles existe alguma coisa além da matéria bruta porque a matéria não é capaz de pensar, de raciocinar. Voltemos a Kardec. No início de *O Livro dos Espíritos*, Allan Kardec define Alma como sendo o ser imaterial e individual que reside em nós e sobrevive ao corpo.

Nessa hora, o orgulho e a vaidade exacerbado do ser humano logo grita: no homem a existência da alma é incontestável, mas no animal...

Por isso, de maneira inteligente, Kardec, na mesma pergunta acima, indaga aos Espíritos Superiores se a alma dos animais é semelhante à do homem.

E a resposta:

> — É também uma alma, se quiserdes; isso depende do sentido que se dá a essa palavra; ela, porém, é inferior à do homem. Há entre a alma dos animais e a do homem tanta distância como entre a alma do homem e Deus.

Pronto! Era tudo o que a vaidade e o orgulho do ser humano queriam ouvir. Sendo a alma humana tão superior à dos animais, tudo pode o homem em relação aos animais? Não. "A alma humana está extremamente longe de Deus em sua evolução. Sabemos mesmo que nunca iremos encontrá-Lo em termos evolutivos. A alma do animal também está extremamente longe da alma do homem, com a diferença de que evoluirão até nós. Mesmo existindo a imensidade entre o homem e Deus, o Criador nos ama. E o homem, como tem se comportado em relação aos animais, seus irmãos mais jovens? Por que negamos a eles nosso amor tão pequeno se o Amor infinito não nos nega amparo perene?" Ora, se Deus sendo infinitamente superior a tudo e a todos estende as suas mãos à sua Criação através do trabalho incessante dos Espíritos Superiores, que direito temos nós de não fazer o mesmo em relação aos animais?

No livro *Missionários da luz*, o instrutor Alexandre esclarece a André Luiz que o homem encarnado vampiriza as formas dos animais da mesma forma como os Espíritos inferiores desencarnados se transformam em vampiros dos encarnados mergulhados nos desequilíbrios da existência física. Vejamos o texto que é muito claro:

Por que tamanha estranheza? – perguntou o cuidadoso orientador – e nós outros, quando nas esferas da carne? Nossas mesas não se mantinham à custa das vísceras dos touros e das aves?

A pretexto de buscar recursos proteicos, exterminávamos frangos e carneiros, leitões e cabritos incontáveis.

Sugávamos os tecidos musculares, roíamos os ossos. Não contentes em matar os pobres seres que nos pediam roteiros de progresso e valores educativos, para melhor atenderem a Obra do Pai, dilatávamos os requintes da exploração milenária e infligíamos a muitos deles determinadas moléstias para que nos servissem ao paladar, com a máxima eficiência. O suíno comum era localizado por nós, em regime de ceva, e o pobre animal, muita vez à custa de resíduos, devia criar para nosso uso certas reservas de gordura, até que se prostrasse, de todo, ao peso de banhas doentias e abundantes. Colocávamos gansos nas engordadeiras para que atrofiassem o fígado, de modo a obtermos pastas substanciosas destinadas a quitutes que ficaram famosos, despreocupados das faltas cometidas com a suposta vantagem de enriquecer os valores culinários. Em nada nos doía o quadro comovente das vacas-mães, em direção ao matadouro, para que nossas panelas transpirassem agradavelmente.

Mais adiante o instrutor Alexandre é taxativo:

Em todos os setores da Criação, Deus, nosso Pai, colocou superiores e inferiores para o trabalho de evolução, através da colaboração e do amor, da administração e da obediência. Atrever-nos-íamos a declarar, porventura, que fomos bons para os seres que nos eram inferiores?

Se ainda não foi o suficiente para o convencimento

de que devemos respeito, proteção e amor aos animais que possuem uma alma que sobrevive ao corpo material, ouçamos Emmanuel no livro que tem o mesmo nome – *Emmanuel* – quando ele nos fala do princípio imortal que existe nos animais:

> E pergunta-se como poderíamos admitir um princípio espiritual nas arremetidas furiosas das feras indomesticadas, ou como poderíamos crer na existência de um raio de luz divina na serpente venenosa ou na astúcia traiçoeira dos carnívoros?

É o próprio Emmanuel quem esclarece quando comenta a atitude do ser humano no seu dia a dia aqui na Terra:

> Para que o homem se conservasse nessa posição especial de perfectibilidade única, deveria apresentar todos os característicos de uma entidade irrepreensível, dentro do orbe onde foi chamado a viver. Tal não se verifica e, diariamente, comentais os dramas dolorosos da Humanidade, os assassínios, os infanticídios nefandos, efetuados em circunstâncias nas quais, muitas vezes, as faculdades imperfeitas dos irracionais agiriam com maior benignidade e clemência, dando testemunho de melhor conhecimento das leis de amor que regem o mecanismo do mundo.

Emmanuel continua pleno de razão principalmente

em nossos dias atuais quando crimes bárbaros são estampados nos noticiários da televisão e de jornais. Podemos acrescentar por parte do homem, ser racional, a matança covarde de focas indefesas nas praias para roubar-lhes a pele ou a matança covarde de golfinhos que se aproximam do ser humano para brincar, tingindo as águas do mar de coloração vermelha com o sangue desses animais.

Por que o ser humano com toda essa dose de maldade pode ser portador de uma alma e o animal não?

Vamos um pouco mais com os ensinamentos do instrutor Alexandre no livro *Missionários da luz*, capítulo 4:

> Os seres inferiores e necessitados do Planeta não nos encaram como superiores generosos e inteligentes, mas como verdugos cruéis. Confiam na tempestade furiosa que perturba as forças da natureza, mas fogem, desesperados, à aproximação do homem de qualquer condição, excetuando-se os animais domésticos que, por confiar em nossas palavras e atitudes, aceitam o cutelo no matadouro, quase sempre com lágrimas de aflição, incapazes de discernir com o raciocínio embrionário onde começa a nossa perversidade e onde termina a nossa compreensão. Se não protegemos nem educamos aqueles que o Pai nos confiou, como germes frágeis de racionalidade nos pesados vasos do instinto; se abusamos largamente de sua incapacidade de defesa e conservação, como exigir o amparo de superiores benevolentes e sábios, cujas instruções mais simples

são para nós difíceis de suportar, pela nossa lastimável condição de infratores da lei de auxílio mútuos?

No livro *Conduta espírita*, FEB, psicografia de Waldo Vieira, ensina André Luiz: "Abolir o divertimento impiedoso com os mutilados, com os enfermos mentais, com os mendigos e com os ANIMAIS que nos surjam à frente". Se é preciso abolir o divertimento, quanto mais aquilo que intencionalmente é feito por mal?

Que posso eu mais dizer a não ser perguntar: *existe no animal um princípio que sobrevive ao corpo* e que deve ser por nós amparado?

A dor dos animais

A REVISTA INTERNACIONAL de Espiritismo, no mês de janeiro do ano de 2011, publicou um artigo nosso com o título acima – A dor dos animais.

Podemos dizer que ele foi o estímulo que tivemos para dar início a esse livro. Peço licença para reproduzi-lo.

A oferenda que se faz a Deus de frutos da terra tem mais mérito aos seus olhos que o sacrifício de animais? - L. E. questão 672.

Seria, evidentemente, mais agradável a Deus oferecer os frutos da terra que o sangue das vítimas.

Ora, nós já sabemos que a Lei Divina institui a solidariedade entre os seres, e, por isso, podemos facilmente concluir que a nós, seres humanos, Deus outorgou a condução e proteção de nossos irmãos mais novos, os animais. E o que é que nós estamos fazendo com esta responsabilidade santa de proteger e guiar o reino animal? Como é que esta humanidade terrestre tem agido em relação aos animais, nos inúmeros séculos de nossa história? Porventura nós, os homens, não temos nos convertido em algozes impiedosos dos animais ao invés de seus protetores fiéis? Quem ignora que a vaca sofre imensamente a caminho do matadouro? Quem desconhece que minutos antes do golpe fatal os bovinos derramam lágrimas de angústia? Não temos treinado determinadas raças de cães exaustivamente para o morticínio e o ataque? Que dizermos das caçadas impiedosas de aves e animais silvestres, unicamente por prazer esportivo? Que dizermos das devastações inconsequentes ao meio ambiente? Tudo isto se resume em graves responsabilidades para os seres humanos! A angústia, o medo e o ódio que provocamos nos animais lhes alteram o equilíbrio natural de seus princípios espirituais, determinando ajustamento em posteriores existências, a se configurarem por deformidades congênitas. A responsabilidade maior recairá sempre nos desvios de nós mesmos, os seres humanos, que não soubermos guiar os animais à senda do amor e do progresso, segundo a vontade de Deus. – Chico Xavier, livro *Lições de sabedoria,* Editora FE, São Paulo, 1996, página 194 e 195.

Respaldado, e muito bem, passo aos leitores algumas informações colhidas na reportagem da revista

VEJA, edição 2181, de oito de setembro de 2010, páginas 124 a 129.

Você sabia que dezessete frangos de corte ficam confinados em local de um metro quadrado onde não têm espaço para andar ou bater as asas?

Você sabia que as galinhas poedeiras permanecem confinadas em gaiolas, cada uma com um espaço de 30 por 21 centímetros e que, por nervoso devido a essa situação que o homem as submete, bicam umas às outras? Sabem qual a solução que o homem encontrou para resolver esse problema? Cortam os bicos das galinhas. Fácil, não?

Você sabia que o famoso patê de *foie gras* que satisfaz às gulas mais refinadas, é feito com o fígado de ganso que fica durante vinte dias sendo alimentado à força com um funil, onde são introduzidos cerca de dois quilos diários de grãos para que o fígado do animal se encha de gordura?

Você sabia que a lei brasileira manda que os bovinos sejam sedados com tiros pneumáticos antes do abate, mas que, na prática, a maioria recebe uma marretada na cabeça estando em pânico por assistir à morte de outros bois a sua frente? Ou será que só o ser humano tem o direito de temer a morte?

Você sabia que as porcas gestantes são colocadas em espaço diminuto de dois metros por sessenta centímetros onde se deitam, mas não conseguem mudar de posição?

Você sabia que na China os praticantes da medicina chinesa tradicional mantêm ursos em cativeiro apenas para extrair a bile do animal vivo, ocasião em que esses animais sentem tanta dor que urram e mordem as patas de tanto desespero?

Você acha que estamos perto de um planeta de regeneração com essas atitudes, para não falar em tantas outras mais onde a crueldade do homem para com o animal atinge níveis lamentáveis? Ou será que é indiferente ao Criador o sofrimento dos animais que também fazem parte da obra da criação?

Com tanta evolução tecnológica que disponibiliza ao homem fartura de alimentação isenta da carne animal como a soja, os derivados do leite, os grãos e vegetais tão variados, ainda necessitamos do sacrifício da vida animal que são abatidos com total insensibilidade pelo ser humano? Ou será que esses recursos que o progresso trouxe vieram apenas para proporcionar mais dinheiro, mais fortunas que não passarão pela alfândega do túmulo?

O exemplo mais notável de animal que apresenta um tipo de inteligência evoluída é o bonobo, um membro da família dos chimpanzés.

Cientistas americanos conseguiram que um exemplar desses primatas desenvolvesse um sistema complexo de comunicação. Ele compreende cerca de 380 palavras e, por meio de um tabuleiro com cartões coloridos, ordena-as de modo a compor frases.

Qual seria a frase que o bonomo comporia para o ser humano de maneira que pudesse expressar a maneira como tratamos os animais, criaturas de Deus?

Esse artigo me fez muito bem à alma. Depois de formado, por algumas vezes, fiquei a pensar que deveria ter aceitado o convite para ficar na faculdade e dedicar-me à carreira Universitária. Hoje vejo que foi uma bênção não ter ficado. Quantas vezes eu vi cachorros inocentes passarem por entre os estudantes, amarrados por uma corda e sendo levados para os laboratórios de experiências onde as teses a serem comprovadas precisavam da vida deles? Eu teria sido mais um a executá-los em nome da Ciência! Mas em nome da Ciência dirão muitos, isso é válido. Só que a ciência não servia e não serve para anestesiá-los durante o trânsito pelos corredores até a morte. Você já se imaginou tendo consciência do seu próprio fim a curtíssimo prazo? A Ciência não aplacava e não aplaca o terror que esses animais sofriam até perderem a consciência. Na ilha Feroe, na Dinamarca, golfinhos da espécie calderon, inteligentes e dóceis, se aproximam do homem para interagir com o mesmo. Nessa ocasião são feridos por ganchos e sangram até a morte emitindo um som que lembra um triste lamento. Buscam a companhia do homem e encontram a morte para satisfazer ao instinto do ser humano. Ser humano esse que se diz racional. Homem esse que diz amar a Deus. Para onde essas atitudes conduzem o ser humano?

Para que possamos conhecer um pouco mais da crueldade do ser humano para com os animais, passo a você alguns dados colhidos na revista *Super Interessante*, edição 192, setembro de 2003, páginas 50 a 59.

O cachorro é todo marrom, da cauda às longas orelhas, a não ser por uma mancha sobre o olho esquerdo. Se fosse um bicho de estimação, podia ser batizado de Pirata ou Camões, por causa do tapa-olho. Mas esse cachorro não tem nome. Nascido há semanas, ele foi logo separado da mãe e passa a vida em uma jaula pouco maior que seu corpo. Sem ter o que fazer, ele come e dorme. Rapidamente engorda. Um dia, ele é enfiado em uma gaiola com outros cães e levado a um galpão. O cheiro de sangue e fezes é forte. Ouvem-se ganidos. Uma pessoa se aproxima e lhe aplica um choque violento. Em instantes, o cão sem nome morre. Seu corpo é jogado sobre uma grelha e seu pelo, tostado. Em alguns minutos ele é cortado em pedaços para virar churrasco.

A cena descrita acima é real e acontece diariamente na Coreia, onde carne de cachorro é muito apreciada.

Muitos dirão que é na Coreia e não no Brasil. Isso pouco importa. A dor não é agradável onde quer que ela ocorra. O desrespeito aos seres da Criação não tem pátria, fere a Lei Universal do Amor! A Coreia faz parte do planeta que habitamos e essa atitude reflete negativamente na psicosfera do planeta. Se na sua casa pegar fogo na sala e você estiver no quarto isso passa a não importar, ou o incêndio, onde quer que ele ocorra, traz risco para quem resida nessa mesma casa?

Um antropólogo e etólogo da Universidade Estadual Paulista revela que em uma determinada época da Humanidade, os caçadores podiam matar os bichos, desde que depois rezassem para ele ou por ele. Pecado era faltar com o respeito. Poderia causar a vingança dos deuses. Alguns povos exigiam que o animal a ser degolado concordasse com a sua morte, o que se conseguia com alguma trapaça, para a qual todo mundo fazia vista grossa. Na Grécia, os sacerdotes derramavam água benta sobre a cabeça do animal. Quando o animal chacoalhava o corpo para livrar-se da água como fazem até hoje numa atitude reflexa de defesa, isso era interpretado como se fosse um movimento de cabeça que significava um "sim". Por essa atitude, vemos como a hipocrisia e a sordidez do ser humano no trato com os animais, nossos irmãos mais novos, o acompanha de longa data. No século 17, as donas de casa cortavam as pernas das aves vivas, acreditando que isso deixava a carne mais tenra. Há cerca de 350 anos a lei determinava que cachorros bravos fossem açulados (atiçados) contra os bois destinados à morte, porque esse ataque melhorava o sabor da carne. Pelo menos nessas épocas não dispunham dos recursos alimentares que dispomos hoje, o que era uma atenuante.

Lembro-me de um jovem que morreu de acidente de carro e que depois se manifestou através da mediunidade de Chico Xavier dando a dimensão da sua agonia no momento da desencarnação. Dizia ele que um minuto é muito pouco tempo para viver e um tempo muito longo para morrer! Pois é. Quantos minutos de angústia tremenda aqueles cachorrinhos que iam para o laboratório da Faculdade doar a própria vida e os inocentes golfinhos não enfrentaram até que a morte os aliviasse e libertasse das mãos dos seres humanos? Lembro-me do olhar súplice dos animais que eram arrastados até ao laboratório. Direcionavam a todos nós que transitávamos pelos corredores da faculdade um apelo desesperado, buscando em cada um daqueles jovens um amigo que os tomasse no colo e os levasse para casa onde recebessem proteção e amor.

Como avaliar o sofrimento de um prisioneiro condenado à pena de morte nos países onde existe essa sentença capital? O que se passa pela cabeça deles nos passos que dão até o local onde serão executados? Quantos não aguardam com desespero uma sentença que revogue a decisão fatal?

Entretanto, entre eles e os animais que são conduzidos aos laboratórios existe uma diferença: o condenado à morte cometeu algum crime muito grave, embora isso não justifique que se mate aquele que matou. E o animal que crime cometeu? O de ser animal?

O filósofo francês René Descartes, dizia que os sentimentos como a dor e o sofrimento moravam na alma. Como os animais, para ele, não tinham alma, esses seres não sentiam dor. Sempre o ser humano à cata de justificativas para os seus desmandos como se com isso alterasse as Leis de Deus. Uma atitude pode ser legalizada, embora possa não ser moral. Os que lutam pela legalização do aborto utilizando uma série de justificativas, que podem ser derrubadas uma a uma, não conseguirão moralizá-lo porque ferem a lei do direito à vida. Descartes legalizou a ausência do sofrimento do animal ao afirmar que eles não possuíam alma. Entretanto, perante a Justiça perfeita isso não é moral e não é verdade. Peter Singer, filósofo australiano da atualidade, já tem, felizmente, uma visão diferente. É de opinião que animais, assim como humanos, sentem dor e não gostam dela. Ou seja, devemos evitar causar dor a eles com o mesmo cuidado que evitamos causar dor a uma pessoa. E isso vale, na opinião dele, para vários tipos de sofrimento, inclusive psicológico, tais como, medo, ansiedade, frustração e estresse. Tudo o que os animais sentem quando a caminho da morte ou quando submetidos a torturas pelo ser humano. Tortura essa que ocorre mesmo no interior de laboratórios de pesquisa. Você sabia que para obter ratos sem contaminação, os cientistas retiram o útero de rata em final de gestação e extraem as cobaias? Você sabia que para testar a toxicidade de produtos de limpeza, cosméticos e medicamentos, de seis a nove animais são forçados a ingerir doses crescentes da substância em estudo, por até quinze dias, até que a metade morra? Os sobreviventes são mortos para estudo. Você sabia que alguns produtos também são testados em tecidos sensíveis, utilizando-se dos olhos de coelhos cuja córnea são transformadas em pasta?

O sofrimento é sofrimento onde quer que ele se manifeste. A dor do animal não é diferente da dor que visita o ser humano. O animal não tem quem o ouça para que possa reclamar. O ser humano grita, vai ao médico, é amparado por familiares. O animal em sofrimento só encontra o apoio dos Espíritos desencarnados dedicados a eles. A dor do animal doe mais porque é acompanhada pela indiferença do ser humano. Quem estabelece essa diferença entre a dor humana e a dor animal é o nosso orgulho e vaidade exacerbados. A dor do animal impregna a psicosfera da Terra negativamente da mesma forma que a dor do ser humano.

Entretanto, como a minha opinião sobre o sofrimento dos animais pouco valor tem, vamos a uma página de Emmanuel recebida na noite de 12/12/1969, em reunião pública da Comunhão Espírita Cristã, por Francisco Cândido Xavier:

> Se os animais estão isentos da lei de causa e efeito, em suas motivações profundas, já que não têm culpas a expiar, de que maneira se lhes justificar os sacrifícios e aflições?
>
> Assunto aparentemente relacionado com injustiça, mas a lógica nos deve orientar os passos na solução do problema.
>
> Imperioso interpretar a dor por mais altos padrões de entendimento.
>
> Ninguém sofre, de um modo ou de outro, tão somente para resgatar o preço de alguma coisa. Sofre-se também angariando os recursos preciosos para obtê-la.

Assim é que o animal atravessa longas eras de prova a fim de domesticar-se, tanto quanto o homem atravessa outras tantas longas eras para instruir-se.

Que mal terá praticado o aprendiz a fim de submeter--se aos constrangimentos da escola?

E acaso conseguirá ele diplomar-se em conhecimento superior se foge às penas edificantes da disciplina?

Espírito algum obtém elevação ou cultura por osmose, mas sim através de trabalho paciente e intransferível.

O animal igualmente para atingir a auréola da razão deve conhecer benemérita e comprida fieira de experiências que terminarão por integrá-lo na posse definitiva do raciocínio.

Compreendamos, desse modo, que o sofrimento é ingrediente inalienável no prato do progresso.

Todo ser criado simples e ignorante é compelido a lutar pela conquista da razão, e atingindo a razão, entre os homens, é compelido igualmente a lutar a fim de burilar--se devidamente.

O animal se esforça para obter as próprias percepções e estabelecê-las.

O homem se esforça avançando da inteligência para a sublimação.

Dor física no animal é passaporte para mais amplos recursos nos domínios da evolução.

Dor física, acrescida de dor moral no homem, é fixação de responsabilidade em trânsito para a Vida Maior.

Certifiquemo-nos, porém, de que toda criatura caminha para o reino da angelitude, e que, investindo-se na posição de espírito sublime, não mais conhece a dor, porquanto o amor ser-lhe-á sol no coração, dissipando todas as sombras da vida ao toque de sua própria luz.

Como vimos, os animais, da mesma forma que os homens, evoluem através da dor. Resta saber se nós estamos dispostos a ser para eles o motivo dessa dor.

Se você não está disposto, então está preparado para amar os animais.

Carne: comer ou não comer?

AS PESSOAS QUE gostam de carne podem ficar tranquilas porque não serei eu a dizer se devemos ou não nos alimentar da carne dos animais. Há quarenta anos que leio os ensinamentos da doutrina espírita e nunca encontrei nenhuma proibição vinda dos Espíritos Superiores sobre qualquer aspecto da existência. Eles, em todos os ensinamentos que nos trazem, mostram as consequências das atitudes deixando cada criatura livre para fazer o que bem entende de posse do livre-arbítrio, com o alerta de que a semeadura é livre, mas a colheita obrigatória. Sendo assim, não seria eu que teria o atrevimento de decretar que não devemos comer da carne dos animais. Apenas traremos à lembrança o que os Espíritos Superiores nos ensinam.

Para começar, iniciemos com *O Livro dos Espíritos* na pergunta 723, que indaga o seguinte:

> A alimentação animal, entre os homens, é contrária à lei natural?
>
> Resposta: Na vossa constituição física a carne nutre a carne, de outra maneira o homem enfraquece. A lei de conservação dá ao homem um dever de entreter suas forças e sua saúde para cumprir a lei do trabalho. Ele deve, pois, se alimentar, segundo o exige a sua organização.

Gostaria de comentar duas coisas referentes à resposta acima. Quando os Espíritos da Codificação passaram essa orientação, a Humanidade não dispunha dos recursos diversificados de alimentos como temos nos dias atuais. É necessário ao corpo material os recursos da proteína, das gorduras, das vitaminas e dos sais minerais. Isso é um ponto indiscutível. Quando se fala em proteínas, entretanto, elas não se encontram somente na carne animal. Hoje com o surgimento da soja, por exemplo, temos aí uma grande fonte proteica. Além dela, o leite e os seus derivados e o ovo também se constituem em fontes ricas de proteínas. Portanto, alegar que somente na carne encontramos a fonte de nutrientes necessários para o nosso corpo, não é uma verdade. Se assim fosse, todas as pessoas vegetarianas encontrariam a morte mais precocemente, o que não ocorre.

O segundo comentário que gostaria de fazer é referente à quantidade de carne consumida pelas pessoas que julgam ser indispensável esse tipo de alimento: uma coisa é comer um bife no almoço para repor as proteínas que necessitamos e outra bem diferente é passar todo um dia nas famosas churrascadas comendo carne para satisfazer a gula. Seria também a cerveja e as outras bebidas alcoólicas que acompanham esses encontros indispensáveis fontes proteicas?

Os carnívoros alegam que somente na carne temos a fonte da vitamina B12 de maneira suficiente, embora a tenhamos em outros alimentos, tais como leite e ovos em quantidade menor. Não raciocinam os carnívoros, entretanto, que junto com a vitamina B12 que nos vem da carne animal, ingerimos hormônios injetados nesses nossos irmãos mais novos para que engordem depressa e deem lucro mais rápido. O que será menos nocivo: tomar um complemento alimentar tipo vitaminas ou ingerir esses hormônios? Para aqueles que estão tão interessados em cuidar do corpo não deixando faltar a vitamina B12 da carne, o que acham da ingestão desses hormônios? Não os preocupam também? Deveria e muito! A vitamina B12 pode ser adquirida por outros meios que não a carne animal. Os hormônios não deveriam adentrar o nosso corpo nunca. Acresça-se a esses hormônios, as substâncias que os animais jogam na sua corrente sanguínea quando percebem a morte nos matadouros. O estresse que esses animais sentem quando são abatidos com total indiferença e, muitas vezes, violência, derrama em suas carnes essas substâncias produzidas pelo medo da morte. Ou será que só o ser humano tem direito de temer esse momento?

Na pergunta de número 724 do mesmo livro, indaga Kardec:

> Abstenção de alimento animal, ou outro, como expiação, é meritória?
>
> Resposta: Sim, *se se priva pelos outros*. Mas Deus não pode ver uma mortificação quando não há nela privação séria e útil. Por isso, dissemos que aqueles que se privam só na aparência, são hipócritas.

Peço licença para colocar em destaque uma frase monumental que li sobre comer ou não comer carne. Tenho a certeza de que ela irá esclarecer todas as dúvidas sobre o assunto, ao mesmo tempo que recebe, de uma certa maneira, um aval da resposta acima porque aqueles que já evoluiram podem se privar em favor de outras pessoas.

Vamos a ela, para a qual peço a sua atenção:

Não evoluímos porque deixamos de comer carne. Deixamos de comer carne porque evoluímos!

Sinto essa frase como absolutamente completa. Nada adianta não comermos carne se continuamos a "comer" a carne do nosso semelhante no sentido de nos constituirmos na razão de sofrimento para ele. Não adianta não comer carne e ser corrupto. Não adianta não comer carne e ser o motivo da lágrima alheia. Não adianta não comer carne e sermos o elemento da discórdia. Não adianta não comer carne e semearmos o pessimismo. Por outro lado, quando evoluirmos para entender que tudo na Natureza é obra da Criação Divina, passaremos a respeitar o direito à vida daquele princípio imortal que realiza seu estágio no corpo animal. Não só respeitarmos a vida deles como não nos constituirmos na razão do sofrimento desses nossos irmãos mais novos como dizia Chico Xavier.

Vamos caminhar. Na questão de número 734, Kardec pergunta:

> Em seu estado atual, o homem tem um direito ilimitado de destruição sobre os animais?
>
> Resposta: Esse direito é regulado pela necessidade de prover a sua nutrição e a sua segurança. O abuso jamais foi um direito.

Permita-nos mais dois comentários sobre essa resposta. Note-se que Kardec na pergunta coloca uma condição: "em seu estado atual". Hoje, com todos os recursos da tecnologia em nos ofertar uma variação maior de alimentos do que havia na época em que a codificação foi feita, será que o estado atual dos homens é o mesmo do século XIX?

Outro questionamento: se o abuso jamais foi um direito como está na resposta, gostaríamos de saber se comer um bife na refeição é a mesma coisa que comer quilos de carne em um churrasco. O bife representa a quantidade de proteínas que o corpo necessita e que, reforçamos, não existe só na carne dos animais. E o churrasco, não parece que representa um abuso na necessidade de ingestão desse alimento?

Utilizemos mais uma questão de *O Livro dos Espíritos*, a de número 735:

> Que pensar da destruição que ultrapassa os limites das necessidades e da segurança? Da caça, por exemplo, quando não tem por objetivo senão o prazer de destruir sem utilidade?
>
> Resposta: Predominância da bestialidade sobre a natureza espiritual. Toda destruição que ultrapasse os limites da necessidade, é uma violação da lei de Deus. Os animais não destroem senão por suas necessidades; mas o homem, que tem o livre-arbítrio, destrói sem necessidade. *Ele prestará contas do abuso da liberdade que lhe foi concedida, porque é aos maus instintos que ele cede.*

A quantidade de carne de um bife que a pessoa julga necessária ao seu corpo é a mesma que a quantidade que é consumida num churrasco? Os limites da necessidade, como a pergunta de Kardec aborda, não estariam sendo ultrapassados nas churrascadas? A quantidade de carne nesses locais consumida não ultrapassa a destruição necessária à manutenção do corpo? Não seria bom analisarmos se estamos ou não abusando da liberdade concedida para satisfazer ao instinto mais do que atender às necessidades?

Passemos agora para o livro *Os mensageiros* de André

Luiz, FEB, Rio de Janeiro, 8.ª edição, 1973, páginas 222 a 223, capítulo 42:

E o homem, meus amigos, transforma a procura de nitrogênio em movimento de paixões desvairadas, ferindo e sendo ferido, ofendendo e sendo ofendido, escravizando e tornando-se cativo, segregado em densas trevas! Ajudemo--lo a compreender, para que se organize uma era nova. Auxiliemo-lo a amar a terra, antes de explorá-la no sentido inferior, *a valer-se da cooperação dos animais, sem os recursos do extermínio!* Nessa época, *o matadouro será convertido em local de cooperação, onde o homem atenderá aos seres inferiores* e onde estes atenderão às necessidades do homem, e as árvores úteis viverão em meio do respeito que lhes é devido.

Será que os animais só podem atender às nossas necessidades em atitudes extremas? Será que essa colaboração não pode ser proporcionada com o trabalho e com os produtos que esses animais podem nos fornecer, sem o custo de sua existência física, já que são princípios imortais realizando o seu trânsito pela Terra e matá-los significa interromper essa jornada?

Vamos novamente a André Luiz no livro *Nos domínios da mediunidade*, edição FEB, Rio de Janeiro, 7.ª edição, ano 1972, página 260, capítulo 28:

Alguns encarnados, como habitualmente acontece, não tomavam a sério as responsabilidades do assunto e traziam consigo *emanações tóxicas,* oriundas do abuso de nicotina, *carne* e aperitivos, além das formas-pensamentos menos adequadas à tarefa que o grupo devia realizar.

Por sua vez, Humberto de Campos, Irmão X, no livro *Cartas e crônicas,* FEB, Rio de Janeiro, 1974, 3.ª edição, página 22, item 4 sob a denominação *Treino para a morte,* psicografia de Chico Xavier, assim se pronuncia:

> Comece a renovação de seus costumes pelo prato de cada dia. Diminua gradativamente a volúpia de *comer a carne dos animais. o cemitério na barriga é um tormento,* depois da morte. *O lombo de porco ou o bife de vitela,* temperados com sal e pimenta, não nos situam muito longe dos nossos antepassados, os tamoios e ciapós, que se devoravam uns aos outros.

Com as duas colocações acima vemos que a carne tanto exala emanações tóxicas para o Espírito encarnado como se constitui em tormento para ele fora do corpo físico. Ora, se tanto na vida material como na dimensão espiritual a carne repercute negativamente, é conveniente, pelo menos, se repensar o emprego da carne em nossa alimentação.

Gostaríamos de encerrar esse capítulo com a página colocada anteriormente do livro *Missionários da luz,* 10.ª edição, FEB, Rio de Janeiro, 1976, André Luiz, psicografia de Chico Xavier, página 41, capítulo 4:

— Por que tamanha estranheza? – perguntou o cuidadoso orientador – nós outros, quando nas esferas da carne, nossas mesas não se mantinham à custa das vísceras dos touros e das aves?

A pretexto de buscar recursos proteicos, exterminávamos frangos e carneiros, leitões e cabritos incontáveis. Sugávamos os tecidos musculares, roíamos os ossos. Não contentes em matar os pobres seres que nos pediam roteiros de progresso e valores educativos, para melhor atenderem a Obra do Pai, dilatávamos os requintes da exploração milenária e infligíamos a muitos deles determinadas moléstias para que nos servissem ao paladar, com a máxima eficiência. O suíno comum era localizado por nós, em regime de ceva, e o pobre animal, muita vez à custa de resíduos, devia criar para nosso uso certas reservas de gordura, até que se prostrasse, de todo, ao peso de banhas doentias e abundantes. Colocávamos gansos nas engordadeiras para que hipertrofiassem o fígado, de modo a obtermos pastas substanciosas destinadas a quitutes que ficaram famosos, despreocupados das faltas cometidas com a suposta vantagem de enriquecer os valores culinários. Em nada nos doía o quadro comovente das vacas-mães, em direção ao matadouro, para que nossas panelas transpirassem agradavelmente. Encarecíamos, com toda a responsabilidade da Ciência, a necessidade de proteínas e gorduras diversas, mas esquecíamos de que a nossa inteligência, tão fértil na descoberta de comodidade e conforto, teria recursos de encontrar novos elementos e meios de incentivar os suprimentos proteicos ao organismo, *sem recorrer às indústrias da morte.* Esquecíamo-nos de que o aumento dos laticínios, para enriquecimento da alimentação, constitui elevada tarefa, porque tempos virão, para a Humanidade terrestre, em que *o estábulo, como o lar, será também sagrado.*

Falar mais o quê? Comer ou não comer carne? Que cada consciência, de posse dos ensinamentos e alertas dos Espíritos Superiores que vivem na dimensão da vida para onde caminhamos, decida qual atitude tomar.

Os animais possuem mediunidade?

A MEDIUNIDADE (...) é de essência espiritual, exteriorizando-se sob a interferência e direcionamento dos Espíritos que, de acordo com a sua procedência, semeiam sombras e aturdimentos, enfermidades e desaires ou luz mirífica de esclarecimento, de caridade, de amor.

Joanna de Ângelis

A mula de Balaão do texto bíblico, viu primeiro do que seu dono o anjo com a espada flamejante nas mãos.

A manada de porcos que estava próxima do local onde Jesus expulsou os Espíritos que obsediavam o homem geraseno, sentiu a influência negativa desses Espíritos e precipitou-se em correria caindo em um precipício.

Do livro *Gênese da Alma*, página 84 a 87, de Cairbar Schutel, vamos ver dois exemplos de que os animais podem perceber a influência dos Espíritos. Eis o primeiro extraído da *Revue Spirite*:

Frequentemente os Espíritos, voltando em sessão, aos meios onde viveram, manifestam interesse por minudências fúteis, em aparências, e que se poderia crer longe de seus pensamentos. É assim que em Manchester se manifestou, em casa da médium Miss Morse, uma entidade, outrora familiar à casa: a de um jovem australiano, morto na Guerra do Transval. Em vida este soldado estimava muito um gato russo de propriedade da dona da casa. O gato nunca fora à sala durante as sessões, mas, quando se manifestou a entidade, as primeiras palavras desta foram que permitissem a presença de *Tony*; e acrescentou que iria procurar o gato.

De repente a mesma entidade disse: Encontrei-o, aí vem ele!

Nesse momento o gato arranhou a porta. Permitido o ingresso do gato, este saltou sobre os joelhos da médium, onde ficou até que o Espírito do soldado prevenisse o encerramento da sessão. Ditas as últimas palavras, *Tony* saltou ao chão e manifestou a intenção de tornar ao seu ninho, no quarto onde o amigo o fora despertar.

O segundo exemplo do mesmo livro, foi retirado de *Morning Post*:

Os cães veem e sentem o que nos é invisível e imperceptível. Outro dia fui a passeio com o meu *fox terrier* a *Sunbury on Thimes*; logo ao aproximar-me de uma casa isolada, perto do rio, o animal, até ali garboso e folgazão, deteve-se, ladrou lugubremente e pôs-se a tremer; por fim, em atitude ameaçadora, mostrou os dentes para um inimigo, que eu não via, como se me protegesse de um ataque eventual.

Todos os meus esforços para fazer o meu *fox* continuar o caminho foram baldados. Ele recusou-se a passar diante da referida casa, obrigando-me a fazer uma longa volta para chegar ao meu lar.

No dia seguinte eu soube que um homem havia morrido, na mesma hora, nessa casa, em frente da qual o meu cão se recusara a passar.

Podemos ainda nos valer das informações de Ernesto Bozzano no livro *Os animais têm alma?*, Editora Lachâtre, ano de 2009, 6.ª edição, página 100:

Em sua narrativa sobre os fenômenos que se deram no curato de Epworth, o eminente John Wesley (fundador da seita dos metodistas), depois de ter descrito estranhos ruidos semelhantes aos que fariam objetos de ferro e de vidro atirados por terra, acrescenta: 'Pouco depois, o nosso grande buldogue Masheff correu para se refugiar entre o sr. e sra. Wesley. Enquanto duraram os ruídos, ele latia e saltava, mordendo de um lado e de outro, e isto antes que alguém no aposento ouvisse qualquer coisa, mas depois de dois ou três dias, ele já tremia e se ia rastejando antes que os ruídos recomeçassem'. A família sabia, a este sinal, o que iria acontecer e isto não falhava nunca.

Também do mesmo livro citado:

Durante os fenômenos sucedidos no cemitério de Arensburg, na ilha de Oesel, onde caixões foram virados dentro de abóbodas fechadas, fatos devidamente verificados por uma comissão oficial, os cavalos das pessoas que iam ao cemitério ficaram muitas vezes tão espantados e tão excitados que acabaram cobertos de suor e espuma. Algumas vezes eles se arrojavam por terra e pareciam agonizar e, apesar dos socorros que lhe levavam imediatamente, vários morreram ao cabo de um dia ou dois. Neste caso, como em tantos outros, embora a comissão fizesse uma investigação muito severa, não descobriu ali nenhuma causa natural.

Casos semelhantes da percepção animal dos desencarnados são inúmeros e, por si só, dariam vários livros. Creio serem estes o suficiente para prosseguirmos em nosso raciocínio.

Teriam os animais dons mediúnicos?

Vamos, como sempre, a *O Livro dos Médiuns* em seu capítulo XIV, item 159, 77.ª edição, IDE, Araras, ano de 2006:

Toda pessoa que sente, em um grau qualquer, a influência dos Espíritos, por isso mesmo, é médium. Esta faculdade é inerente ao homem e, por consequência, não é privilégio exclusivo; também são poucos nos quais não se encontrem alguns rudimentos dela. Pode-se, pois, dizer que todo mundo é, mais ou menos, médium.

Vemos nesse trecho que Kardec condiciona a existência da mediunidade ao ser humano. Mas, vamos ser mais profundos e convidar os leitores que acompanhem, com minúcias, o que seja o fenômeno mediúnico. Perdemos tanto tempo com novelas vazias de valores morais ou com jogos de futebol que nada nos acrescenta ao Espírito, por que não podemos gastar algum tempo com o aprendizado que se incorporará na alma como tesouro que levaremos para a outra dimensão?

Na página 252 do mesmo livro, capítulo XIX, item 225, encontramos uma manifestação dos Espíritos Erasto e Timóteo sobre como se verifica o fenômeno mediúnico:

Qualquer que seja a natureza dos médiuns escreventes, sejam mecânicos, semimecânicos ou simplesmente intuitivos, nosso procedimento de comunicação com eles não varia essencialmente. Com efeito, nos comunicamos com os próprios Espíritos encarnados, como com os Espíritos, propriamente ditos, unicamente pela irradiação do nosso pensamento.

Nossos pensamentos não têm necessidade das vestes

das palavras para serem compreendidos pelos Espíritos, e todos os Espíritos percebem o pensamento que desejamos lhes comunicar, só pelo fato de que dirigimos nosso pensamento até eles, *e isso em razão das suas faculdades intelectuais;* quer dizer que tal pensamento pode ser compreendido por tais e tais, segundo seu adiantamento, ao passo que, entre tais outros, esse pensamento não revela nenhuma lembrança, nenhum conhecimento no fundo do seu coração ou do seu cérebro, não lhes é perceptível. Nesse caso, o Espírito encarnado que nos serve de médium está mais apropriado para transmitir o nosso pensamento para os outros encarnados, se bem que não compreenda que um Espírito desencarnado e pouco avançado não poderia fazê-lo, se estivéssemos forçados a recorrer à sua intermediação; porque o ser terrestre coloca seu corpo, como instrumento, à nossa disposição, o que o Espírito errante não pode fazer.

Assim, quando encontramos, num médium, o cérebro enriquecido de conhecimentos adquiridos em sua vida atual, *e seu espírito rico de conhecimentos anteriores* latentes, próprios para facilitar nossas comunicações, dele nos servimos de preferência, porque com ele o fenômeno da comunicação nos é muito mais fácil do que com um médium cuja inteligência limitada e cujos conhecimentos anteriores fossem insuficientes.

Com um médium cuja inteligência atual ou anterior se encontra desenvolvida, nosso pensamento se comunica instantaneamente de Espírito para Espírito, por uma faculdade própria da essência do próprio Espírito. Neste caso, encontramos no cérebro do médium os elementos próprios para darem ao nosso pensamento a vestimenta da palavra correspondente a esse pensamento, e isso embora seja o médium intuitivo, semimecânico ou mecânico puro. Por isso, qualquer que seja a diversidade dos Espíritos que se comuniquem por um médium, os ditados obtidos por ele, inteiramente procedentes de Espíritos diversos, levam um selo de forma e de cor pessoal desse médium. Sim, se bem que o pensamento lhe seja inteiramente estranho, se bem que o assunto escape do quadro no qual se move habitualmente ele mesmo, se bem que aquilo que queremos dizer não provenha de nenhum modo de si, ele não influencia menos a forma, pelas qualidades e as propriedades que são adequadas à sua individualidade.

Fica muito bem clara a colocação dos Espíritos quando falam em inteligência e conhecimentos adquiridos que facilitam a ação espiritual do comunicante, condições essas que excluem a participação dos animais no fenômeno mediúnico inteligente.

Em nota encontrada no final desse capítulo, há a ênfase de que os Espíritos buscam no cérebro do médium o material necessário para exprimir os seus pensamentos, material esse que não poderia ser encontrado no cérebro de um animal por mais evoluído que fosse na escala. Vejamos:

Esta análise do papel dos médiuns, e dos procedimentos com a ajuda dos quais os Espíritos se comunicam, é tão clara como lógica. Dela decorre, como princípio, que *o espírito toma, não suas ideias, mas os materiais necessários para exprimi-las, no cérebro do médium, e que quanto mais esse cérebro é rico em materiais, mais a comunicação é fácil.* Quando o Espírito se exprime na língua familiar ao médium, encontra nele as palavras prontas para revestir a ideia; se numa língua que lhe é estranha, não encontra as palavras, mas simplesmente as letras; por isso, o Espírito é obrigado a ditar, por assim dizer, letra por letra, exatamente com se quiséssemos fazer escrever em alemão aquele que não sabe nenhuma palavra. Se o médium não sabe, nem ler, nem escrever, ele não possui nem mesmo as letras; é preciso, pois, conduzir-lhe a mão igual a um escolar; e aí está uma dificuldade material ainda maior a vencer. Esses fenômenos são, pois, possíveis, e se têm deles numerosos exemplos; mas se compreende que esta maneira de proceder se ajusta pouco com a extensão e a rapidez das comunicações, e que os Espíritos devem preferir os instrumentos os mais fáceis, ou, como eles dizem, os médiuns bem aparelhados em seu ponto de vista.

Mas iremos mais fundo ainda pedindo a paciência do leitor. Essas informações são valores que jamais perderemos no trânsito da Terra e transportaremos conosco a nos iluminar os caminhos futuros.

No capítulo XXII de *O Livro dos Médiuns*, item 236,

página 272, encontramos a seguinte comunicação do Espírito Erasto ocorrida na Sociedade Parisiense de Estudos Espíritas:

Abordo hoje a questão da mediunidade dos animais, levantada e sustentada por um dos vossos mais fervorosos adeptos. Pretende ele, em virtude deste axioma: *quem pode o mais pode o menos*, que nós podemos medianimizar os pássaros e outros animais, e deles nos servirmos em nossas comunicações com a espécie humana. É o que chamais em filosofia, ou antes em lógica, pura e simplesmente um sofisma. Vós animais, disse ele, a matéria inerte, quer dizer, uma mesa, uma cadeira, um piano; a *fortiori* deveis animar a matéria já animada e notadamente os pássaros. Pois bem, no estado normal do Espiritismo isso não se passa, isso não pode ser.

Primeiro, convenhamos bem acerca de nossos fatos. O que é um médium? É o ser, é o indivíduo que serve de traço de união aos Espíritos, para que estes possam se comunicar com facilidade com os homens: Espíritos encarnados. Por conseguinte, sem médium, nada de comunicações tangíveis, mentais, escritas, físicas, nem qualquer espécie que seja.

Há um princípio que, estou seguro, é admitido por todos os espíritas: é que os semelhantes agem com seus semelhantes. *Ora, quais são os semelhantes dos espíritos senão os espíritos encarnados ou não?* É preciso vos repetir sem cessar? Pois bem, eu vos repetirei ainda: vosso perispírito e o nosso são hauridos no mesmo meio, são de uma natureza idêntica, são semelhantes numa palavra; possuem uma propriedade de assimilação mais ou menos desenvolvida de imantação mais ou menos vigorosa, que nos permite, *espíritos e encarnados,* nos colocarmos muito pronta e facilmente em relação. Enfim, o que é peculiar aos médiuns, o que é da essência mesma de sua individualidade é uma afinidade especial, e ao mesmo tempo uma força de expansão particular que anula toda refratariedade, e estabelece entre ele e nós uma espécie de corrente, uma espécie de fusão que facilita nossas comunicações. De resto, é essa refratariedade da matéria que se opõe ao desenvolvimento da mediunidade na maioria daqueles que não são médiuns.

Os homens são sempre levados a tudo exagerar; uns, e não falo aqui dos materialistas, recusam uma alma aos animais, e outros lhes querem dar uma por assim dizer, semelhante à nossa. Por que querer, assim, confundir o perfectível com o imperfectível? Não, não estejais convencidos, o fogo que anima as bestas, o sopro que as faz agir, mover e falar em sua linguagem, não tem, quanto ao presente, nenhuma aptidão para se misturar, se unir, fundir com o sopro divino, a alma etérea, o Espírito em uma palavra, que anima o ser essencialmente perfectível: o homem, esse rei da criação. Ora, o que faz a superioridade da espécie humana sobre as outras espécies terrestres não é essa condição essencial de perfectibilidade? Pois bem! Reconhecei, pois, que não se pode assimilar ao homem, único perfectível em si mesmo e em suas obras, nenhum indivíduo de outras raças vivas sobre a Terra.

Gostaria de destacar dois fatos dessa comunicação. O primeiro é que o fenômeno mediúnico, além de exigir conteúdo na inteligência do médium que o Espírito comunicante vai utilizar, há a necessidade de acoplamento perispírito a perispírito dos dois envolvidos nesse fenômeno. O estabelecimento de sintonia entre o perispírito do homem com o perispírito do animal ficaria impossibilitado devido a diferença evolutiva entre esses dois seres da criação. O outro fato que salta aos olhos é o de que Erasto nega a possibilidade, aparentemente, evolutiva dos animais atribuindo essa evolução somente aos homens. Já veremos porque destacamos a condição "aparentemente" do ensinamento de Erasto.

Em *A Gênese,* capítulo XI, pergunta 23, encontramos:

> O que constitui o homem espiritual não é a sua origem: são os atributos especiais de que ele se apresenta dotado ao entrar na Humanidade, atributos que o transformam, tornando-o um ser distinto, como o fruto saboroso é distinto da raiz amarga que lhe deu origem. Por haver passado pela fieira da animalidade, o Homem não deixaria de ser Homem; já não seria animal, como o fruto não é a raiz, como o sábio não é o feto informe que o pôs no mundo. Mas, este sistema levanta múltiplas questões, cujos

prós e contras não é oportuno discutir aqui, como não o é o exame das diferentes hipóteses que se têm formulado sobre este assunto. Sem, pois, pesquisarmos a origem do Espírito, sem procurarmos conhecer as fieiras pelas quais haja ele, porventura, passado, tomamo-lo ao entrar na Humanidade, no ponto em que, dotado de senso moral e de livre-arbítrio, começa a pesar-lhe a responsabilidade dos seus atos.

Temos no trecho acima em destaque dois fatos que falam a favor do processo evolutivo do ser imortal. Se Kardec se expressa dizendo que o ser entra na Humanidade é porque ele vem de algum lugar. De onde viria, portanto, antes de entrar na Humanidade? Que reino antecede ao reino hominal?

A outra colocação é ainda mais contundente quando Kardec diz claramente que "por haver passado pela fieira da animalidade".

Dessa maneira, podemos raciocinar que o Espírito Erasto não estava negando a possibilidade evolutiva do animal. Entendamos bem: da possibilidade evolutiva do ser imortal que habita o corpo animal. O que sucedeu então, para que ele se manifestasse da forma como consta na comunicação ocorrida na Sociedade Parisiense de Estudos Espíritas? Há mais de cento e cinquenta anos, o homem era ainda mais orgulhoso e vaidoso do que é hoje. Jamais aceitariam a hipótese de terem passado pela fieira da animalidade. Como ainda hoje não se aceita a existência de vida em outros planetas porque nos julgamos muito perfeitos e dignos de representarmos toda a grandiosidade de Deus. Erasto nega a evolução do veículo material do animal, mas não poderia estar se colocando tão contra todas as manifestações espirituais da evolução do princípio imortal. Vejamos mais essa passagem do livro *A Gênese*, capítulo XI, pergunta 23, onde esse caminho através do reino animal fica bastante evidente:

> Tomando-se a Humanidade no grau mais ínfimo da escala espiritual, como se encontra entre os mais atrasados selvagens, perguntar-se-á se é aí o ponto inicial da alma humana... o princípio inteligente, distinto do princípio material, se individualiza e elabora, passando pelos diversos graus de animalidade. É aí que a alma se ensaia para a vida e desenvolve pelo exercício, suas primeiras faculdades. Esse seria para ela, por assim dizer, o período de incubação. Chegada ao grau de desenvolvimento que esse estado comporta, ela recebe as faculdades especiais que constituem a alma humana. Haveria assim filiação espiritual do animal para o homem... Este sistema fundado na grande lei de unidade que preside à criação, corresponde, forçoso é convir, à justiça e à bondade do Criador; dá uma saída, uma finalidade, um destino aos animais, que deixam então de formar uma categoria de seres deserdados, para terem, no futuro que lhes está reservado, uma compensação a seus sofrimentos.

Não poderia Erasto estar contra um argumento tão perfeito devendo a sua aparente contradição, ser debitada à ignorância daquilo que os homens do século XIX estavam preparados para entender. A questão de número 801 de *O Livro dos Espíritos*, quando Kardec pergunta por que não ensinaram os Espíritos, em todos os tempos, o que ensinam hoje, traz como resposta uma possível explicação para a afirmativa de Erasto: "Não ensinais às crianças o que ensinais aos adultos e não dais ao recém-nascido um alimento que ele não possa digerir. Cada coisa tem seu tempo. Eles ensinaram muitas coisas que os homens não compreenderam ou adulteraram, mas que podem compreender agora. Com seus ensinos, embora incompletos, prepararam o terreno para receber a semente que vai frutificar." Eis aí uma boa justificativa para a afirmação de Erasto em sua comunicação na Sociedade Parisiense de Estudos Espíritas.

Emmanuel, no livro com o mesmo nome – *Emmanuel* – nos informa na página 93, FEB, Rio de Janeiro, 1987, 7.ª edição, o seguinte:

> Se bem que haja no próprio círculo dos estudiosos dos espaços o grupo de opositores das grandes ideias sobre o evolucionismo do princípio espiritual através das espécies, sou dos que o estudam, atenta e carinhosamente.

Nem todos os Espíritos evoluídos no espaço pensam da mesma maneira. A verdade definitiva passa por etapas nas quais os Espíritos podem divergir em seus pensamentos que ainda não atingiu a perfeição. O progresso, a evolução, se faz através da discussão de ideias. Quando a divergência é pura, ou seja, não se faz com segundas intenções, ela é legítima. E é exatamente isso que confere identidade a cada um dos seres vivos. Erasto finaliza a sua posição sobre a mediunidade nos animais da seguinte maneira:

> Sabeis que tomamos ao cérebro do médium os elementos necessários para dar ao nosso pensamento uma forma sensível e compreensível para vós; é com a ajuda dos materiais que possui que o médium traduz nosso pensamento na linguagem vulgar; pois bem! *Que elementos encontraríamos no cérebro de um animal? Há palavras, nomes, letras, sinais quaisquer similares àqueles que existem entre os homens, mesmo os menos inteligentes?* Entretanto, direis, os animais compreendem o pensamento do homem; adivinham-no mesmo; sim, os animais adestrados compreendem certos pensamentos, mas já os vistes reproduzi-los? Não; concluí, pois, que *os animais não podem nos servir de intérpretes.*

Creio que a pergunta sobre os animais serem ou não médiuns, está bastante clara se tomarmos como a definição de médium o ser inteligente que fornece material de seu conhecimento para que outro ser inteligente possa dele valer-se para uma manifestação mediúnica. No animal não há conteúdo para que um Espírito possa utilizar-se em uma manifestação que preencha as características de mediúnicas.

Outra coisa diferente é perguntar, porém, se os animais podem perceber a presença de Espíritos desencarnados. Nos valemos dos ensinamentos de Erasto contido em *O Livro dos Médiuns*, página 275, capítulo XXII:

> Certamente, os Espíritos podem se tornar visíveis e tangíveis para os animais, e, frequentemente, tal medo súbito que os toma, e que não vos parece motivado, é causado pela visão de um ou de vários desses Espíritos mal intencionados para com os indivíduos presentes ou para com aqueles a quem pertencem esses animais. Muito frequentemente, observais cavalos que não querem nem avançar, nem retroceder, ou que empinam diante de um obstáculo imaginário; pois bem! tende por certo que o obstáculo imaginário, frequentemente, é um Espírito ou grupo de Espíritos que se comprazem em lhes impedir de avançar. Lembrai-vos da mula de Balaão, o anjo quis se tornar visível só para o animal; mas, repito-o, não medianizamos diretamente nem os animais nem a matéria inerte; precisamos da união de fluidos similares, o que *não encontramos nos animais*, nem na matéria bruta.

No excelente livro da doutora Irvênia Prada – *A questão espiritual dos animais* - 8.ª edição, 2007, Editora Fé, São Paulo, página 84, a autora nos descreve um animal percebendo o ser espiritual dentro do lar após o seu desencarne. Esse acontecimento comprova que os animais podem perceber os Espíritos e que nem sempre eles estão mal intencionados. Conta doutora Irvênia que em certa família, era hábito de um senhor de idade, assim que chegava em casa à tarde, sentar-se em sua cadeira de balanço e tirar os sapatos. Assim que o seu cachorro fiel o via nessa situação, corria para o quarto do dono e lhe trazia os chinelos. Esse senhor um dia desencarnou. Em determinada ocasião após o seu desencarne a família estava reunida na sala e viram o cão ir ao quarto do antigo dono, apanhar os chinelos e depositá-los diante da cadeira de balanço que estava vazia aos olhos dos seres humanos ali presentes. Somente um médium vidente confiável poderia confirmar se o desencarnado estava realmente ali presente, mas o acontecido abre a possibilidade de que isso pudesse estar ocorrendo.

Creio que todos esses ensinamentos contidos nos parágrafos anteriores nos permitem dizer, com segurança, que os animais não contêm conhecimentos suficientes para que um Espírito possa por eles se exprimir, não podendo ser considerados, portanto, portadores de mediunidade. Pelo menos como a define *O Livro dos Médiuns*. Se novos ensinamentos fidedignos virão do mundo dos Espíritos Superiores para modificar esse conceito, somente o tempo dirá. Afinal, o que sabemos nós da verdade definitiva?

Padre Germano e o cão Sultão

VOCÊ SABE QUEM foi padre Germano? Para falarmos só um pouco dele, precisaríamos de um livro de grosso calibre. Em algumas linhas vamos dar uma ideia muito pálida desse Espírito grandioso. Antecipo, entretanto, que ele tinha um cão chamado Sultão.

Padre Germano foi um Espírito que viveu a verdadeira religião que é a religião do amor. Foi um cristão no sentido pleno da palavra. Tão imenso foram seus exemplos de vida que viveu perseguido por aqueles a quem as suas atitudes verdadeiras de amor ao próximo incomodavam muito. Designado para servir em locais distantes e inexpressivos, nunca deixou de encontrar a quem amar incondicionalmente. Seus algozes nunca compreenderam que o amor serve entre rosas como no pântano. Esses perseguidores nada mais conseguiram do que dar oportunidades para que ele crescesse ainda mais. O interessante é que o cão que o acompanhava, guiava-o, em várias ocasiões aos locais onde o sofredor estava e que era desconhecido das demais pessoas, inclusive do próprio padre. Não ficou esclarecido o mecanismo pelo qual o cão ficava sabendo onde estava o sofredor, mas que ele sabia, sabia! Para que tenhamos uma pálida ideia desse verdadeiro servidor de Jesus, vejamos um pensamento dele:

> Pobre Humanidade, que não acredita no sacrifício sem a imediata compensação! Não se podem conformar com a ideia de que me arriscasse a uma prisão infalível, quiçá à morte, só para fazer penetrar na senda da virtude um desgraçado criminoso!
>
> A razão terrena, atrasadíssima que é, fundida no envilecimento, submersa no egoísmo, concatenada pela mais completa ignorância, tudo vê por um prisma mesquinho: para ela não há mais que o mercantilismo, o negócio, mas a usura: emprestar um para cobrar cem. O homem ignora que a alma vive para além da campa e acredita que na Terra tudo começa e tudo acaba, esforçando-se, portanto, na compra de efêmeros gozos, para uma única existência.
>
> Eu, porém, vejo mais longe e por isso o ouro não me seduz: não sou virtuoso, não; mas sou razoável, essencialmente racionalista; não busco a santidade, mas o progresso, porque, em suma – que é a santidade na Terra,

segundo a consideram as religiões? É a intolerância de um homem, é o aniquilamento de um corpo, é a postergação de todas as leis naturais! E aí está a santidade dos homens! Poderá tal santidade ser grata aos olhos de Deus? Acaso se comprazerá Ele vendo Seus filhos lutarem como feras sedentas? Não! Se Deus é amor e justiça, como há de querer que o adorem com cruentos sacrifícios? A Deus – verdade essencial – com atos de verdade devemos adorar. Não O querem compreender assim, contudo, porque a generalidade dos seres denominados racionais não se convence que haja outros homens que devassem e descubram a vida universal – vida que pressinto, vejo e toco, sentindo-a dominar em mim mesmo, a reanimar-me não só o abatido corpo como também o alquebrado Espírito.

Sim, quando circunstâncias prementes me arrojam na corrente impetuosa do mundo; quando a perseguição dos homens me leva aos lábios a taça de amargura; quando trago, até as fezes, o amargo fel da vida, contemplo a Natureza, vejo em tudo a renovação e em mim a morte, reflito e digo: – Eu também, átomo integrante da Criação, estou sujeito à lei da eterna reprodução! Viverei, porque tudo vive! Progredirei, porque tudo progride! Creio em ti, Senhor, adoro-te na tua obra imensa e sigo, quanto em minhas forças cabe, a tua formosa lei, para que possa algum dia penetrar no teu reino." (*Memórias do Padre Germano*, Amália Domingo Soler, FEB, ano 2008, 1.ª reimpressão, páginas 130 a 132).

Permita-me mais um pequeno trecho do mesmo livro acima para conhecermos, mesmo que palidamente, padre Germano. Diz ele à página 27:

> Educado no mais rigoroso ascetismo, sem ter conhecido mãe, que falecera ao dar-me à luz, filho do mistério, cresci no seio de uma comunidade religiosa como flor sem orvalho, como pássaro sem asas e obrigado a obedecer cegamente, sem direito à réplicas. Disseram-me enfim:
> — Serás ministro de Deus e fugirás da mulher, porque Satanás dela se vale para perder o homem...
> Entreguei-me à leitura, li muito e compreendi, posto que tarde, que o sacrifício do sacerdote católico é contrário às leis naturais. Compreendi, mais, que tudo quanto violenta as leis de Deus é absurdo; mas... calei-me. Invejei os reformadores e não me atrevi segui-los; quis bem cumprir a delicada missão e sacrifiquei-me nas aras da instituição a que pertencia.

Aqui vemos padre Germano optando pela castidade moral renunciando a si próprio para servir.

Creio que essa pequena amostra que não faz justiça à grandiosidade desse Espírito, serve para motivar você a ler muito de sua vida no livro de Amália Domingo Soler, intitulado *Memórias do Padre Germano*.

Voltando ao assunto do início, Sultão, o cachorro do padre Germano, como que "farejava" sofredores em locais escondidos e dava sinais, através de sua agitação, para que o padre o seguisse porque alguém estava necessitando de socorro urgente. Por que meio o animal percebia a situação nunca foi esclarecido. Vamos então, utilizar de dois exemplos contidos no livro sobre o padre, páginas 106 a 108:

Repentinamente, aparece Miguel, o velho companheiro, pegando Sultão por uma orelha e dizendo-me ofegante:
— Ah! Senhor! Está maluco o Sultão, irremediavelmente doido! A bem dizer, não sei o que tem este animal; o certo é que invadiu a igreja e começou a puxar as mulheres pelas saias, a arranhar o casaco dos homens, correndo de um para outro lado, ladrando desesperadamente; por fim, atira-se a mim e quase me derruba; mas, ainda bem que a custo consigo trazer-lho aqui.

Sultão estava encharcado d'água e barro e, tomando-lhe nas mãos a cabeça, vi que dos olhos emanavam lágrimas.

Como que compreendendo a narrativa de Miguel, o pobre animal se aquietara, olhando-me tristemente; e eu, que o estimava como íntimo amigo acariciei-o dizendo-lhe: – "por que assustas a gente, Sultão? Por que aborreces a Miguel que contigo reparte a comida? Vamos, pede-lhe perdão..." Miguel começou a rir e deu algumas palmadinhas na cabeça de Sultão, enquanto ele, assim acariciado, se tomava de brios e começava a ladrar e a saltar sobre nós, ao mesmo tempo que nos puxava pelas vestes. Ora escavava o solo, ora corria até à porta; depois, de pé, patas apoiadas ao peitoril da janela, batia nas vidraças como querendo despedaçá-las e volvia a puxar-me pela manga do hábito. Ao ver tanto empenho do animal, acabei por dizer a Miguel: – 'Com certeza Sultão viu algum infeliz e vem avisar-nos para que o salvemos.' Ao ouvir tais palavras, Sultão recomeçou os saltos e correrias, até que tomei da capa, enquanto Miguel, assombrado, me considerava louco em expor-me ao temporal.

— Mas, aonde vai o senhor com esse tempo? – dizia.

— Vamos aonde me chama o dever; nem devemos ser nós, homens, menos generosos que os cães.

Miguel, por única resposta, foi buscar seu velho capote e ofereceu-me o braço para que nele me apoiasse.

E seguimos Sultão, o qual bem depressa se esgueirou pelas escarpas de uma furna, dando-nos apuros mil para galgar a montanha. À meia encosta, o animal deteve-se olhando uma nova furna, a ladrar desesperadamente. Também nós paramos, e Miguel, depois de escutar por alguns momentos, disse: – "Parece haver aí alguém que geme." Entretanto, o vento que sibilava, naquelas brechas, nada deixava ouvir.

Sultão, a fim de convencer-nos, sondou o terreno, fez vários rodeios e começou a descer a nossa frente, pois que o seguimos guiados e sustidos certamente por algum anjo de Deus, que de outro modo não venceríamos tantas dificuldades.

Baixados que fomos a um recôncavo pedregoso, deparou-se-nos um homem gemebundo; levantamo-lo;

ei-lo que, ao sentir-se amparado, murmurou: – Graças a Deus! – para desfalecer logo sem sentidos.

Como está bem nítido na narrativa, a existência desse sofredor e o local de difícil acesso onde o mesmo se encontrava, eram realidades totalmente desconhecidas pelos homens daquela aldeia, até mesmo pelo padre Germano. Por que via esse animal ficava sabendo dos sofredores a quem conduzia o padre para socorrê-los? Os que possuem "alergia" pela teoria espírita dirão que se trata de telepatia entre o sofredor e o animal. A telepatia no animal foi confirmada pelo cientista britânico Rupert Sheldrake. Eles são capazes de captar pensamentos de outros animais e pessoas. Quem tem animais em casa já deve ter reparado que, quando os donos se preparam para viajar e deixá-los sozinhos, os animais entristecem como se pressentissem a solidão que se avizinha.

Apenas para se ter uma noção de como os cães estão, cada vez mais, sendo úteis ao homem, existem cachorros no mundo treinados para detectar crise epilética em seus donos. É o caso da cadela Lúcia que vigia o seu dono de apenas onze anos, portador de epilepsia. Esse garoto americano, Spencer Wyatt, é avisado cerca de dez minutos antes que as crises se manifestem. O animal está treinado tanto para buscar socorro como para ficar ao lado do dono evitando que ele se machuque quando se debate durante os ataques epilépticos. A garota americana Channing Seideman também possui um animal denominado de Georgie que dorme com ela no quarto. Se a moça sofre algum ataque, a cachorra alerta os pais de Channing. Esses animais assim treinados recebem o nome de *seizure-response dogs ou seizure--alert dogs* (cães de alerta e de resposta a convulsão). A explicação para esse fato ainda não é totalmente conhecida pelos cientistas. Alguns acreditam que seja na alta capacidade olfativa do animal que detectaria odores que seus donos emitissem antes das crises. Da mesma forma, existem cães treinados para detectar problemas com seus donos diabéticos. São chamados de *diabetic--dogs*. Sentiriam alterações no hálito de seus proprietários. (www.veja.com/extra)

Voltando ao assunto de Sultão, não podemos descartar a hipótese espírita: os Espíritos desencarnados, dedicados a zelar pelo reino animal, utilizavam-se de Sultão para conduzi-lo ao local de sofrimento. O animal, por sua vez, através de sua agitação, acabava convencendo o padre Germano a segui-lo para que o socorro fosse efetivado. Era uma abençoada corrente de amor trabalhando pelos esquecidos daquele local onde alguém se dispunha a amar incondicionalmente como o padre Germano.

Vamos reproduzir outra passagem do cachorro Sultão onde fica bastante nítido que o animal não tinha contato prévio com a pessoa socorrida para se levantar a possibilidade de que ele farejasse a vítima. Nessa passagem abaixo, Sultão sai com policiais a procura de um fugitivo da lei, mas nada encontram. Depois, quando os policiais já haviam partido, Sultão vai exatamente onde o perseguido se encontrava. Por que não o fez na primeira tentativa na presença do oficial de polícia? Por certo, sem querer ser místico, Sultão se locomovia até o local do necessitado movido sob a influência dos Espíritos. Vejamos o que consta nas páginas 41 a 45:

> Fortes pancadas na reitoria e já Miguel entrava apressadamente, falando atarantado: – "Senhor, vêm prender-vos. Um capitão de gendarmes quer falar-vos e vem acompanhado de muita gente.
>
> — Que entre – respondi-lhe; e daí a pouco o capitão, de rude porém franco semblante, dizia:
>
> — Desculpai-me Vossa Reverendíssima o virmos em hora tão imprópria perturbar o vosso sono; mas, tendo-se evadido, há dias, um preso que deveria seguir a cumprir sentença em Toulon, e não tendo surgido efeito outras diligências, vimos ver se acaso o encontramos no recôncavo destas montanhas. E como estamos informados de que Vossa Reverendíssima tem um cão a cujo apurado faro nada escapa, venho pedir que mo empresteis, a ver se ele me põe na pista do fugitivo. Disseram-me, também, que Vossa Reverendíssima tem o cão em grande estima, mas pode ficar certo de que nada sucederá de mal ao bravo animal.
>
> Olhei fixamente para Sultão e convidei o comandan-

te a repousar umas duas horas em meu leito, até que o dia clareasse.

— Muito antes que saia o Sol – acrescentei – eu me incumbo de o despertar.

— Tenho ordem de não perder um minuto e não o perderei.

Eu que não desejava fosse descoberto o desgraçado fugitivo, olhava insistentemente para Sultão, o qual, por fim, pareceu compreender meu pensamento. Movendo a cabeça em sinal de assentimento, foi ele mesmo buscar a coleira que lhe servia às grandes jornadas. Ao afivelar-lhe, o capitão olhava-o enternecido, dizendo: – "Que formoso animal!"

Momentos depois, partia a comitiva, enquanto eu me ficava rogando a Deus para que o fiel Sultão não descobrisse rastro algum.

Na tarde seguinte, mal-humorado, voltava o capitão, dizendo:

— Trago-vos más notícias: não só não encontramos o bandido, como também perdemos o vosso cão. Em momentos que paramos para descansar, ele desapareceu, o que aliás muito lastimo, porque na verdade é um animal que não tem preço. Inteligente que é! Há duas horas poderíamos aqui estar, se não houvéssemos retrocedido para procurá-lo.

Depois de cear comigo, o capitão lá se foi prestar contas da diligência, enquanto eu, sem saber por que não me inquietava com a ausência de Sultão.

Deixando entreaberta a porta do jardim, subi ao quarto e pus-me a ler, até que às 9 horas se me apresentou ele.

Tirei-lhe a coleira enquanto mil carícias me fazia, e depois, apoiando a cabeça em meus joelhos, entrou a uivar, puxando-me pelo hábito. Depois, ia até à porta e voltava a fitar-me; deitava-se no chão, cerrava os olhos como morto, levantava-se e novamente me fitava, como querendo dizer que o seguisse.

Pensando, então, no criminoso fugitivo, disse de mim para mim: – "Seja o que for e como for, levarei algumas provisões."

Tomei de um pão, uma cabaça de vinho e outra com água aromatizada, uma lanterna que tive a precaução de ocultar sob a capa e, de manso, sem fazer o mais leve ruído, sai pela porta do jardim, que deixei fechada.

Miguel, esse dormia profundamente.

Uma vez no campo, todo o meu ser vibrou de especial emoção e detive-me alguns momentos a render graças a Deus, por me conceder aqueles instantes de completa liberdade.

Não só me sentia mais ágil, como até enxergava melhor.

A noite era de primavera, formosa: as múltiplas estrelas eram quais exércitos de sóis que celebrassem no céu a festa da luz, tão brilhantes os eflúvios luminosos que enviavam à Terra. Dir-se-ia que a Natureza se associava comigo na prática de uma obra boa.

Tudo sorria e minha alma sorria também. Sultão, contudo, mostrava-se impaciente e perturbava a minha meditação puxando-me pela capa. Acompanhei-o e não tardou desaparecêssemos em fundos barrancos perto do cemitério. O cão guiava-me, tendo à boca a ponta da bengala, uma vez que a luz da lanterna parecia extinguir-se na escuridade daquelas brenhas. Enveredamos por larga fenda, ao fundo da qual havia uma pirâmide de galhos secos, formando um parapeito coberto de folhagens, e atrás dele se me deparou um homem, morto na aparência, tal a sua insensibilidade. Quase nu, hirto, gelado, tinha, no entanto, um aspecto horroroso.

Meu primeiro cuidado foi depor no solo a lanterna, o pão, o vinho e a água; depois, com grande esforço, consegui tirá-lo de detrás da pirâmide, arrastando-o para o meio da furna.

Uma vez esticado o corpo, cabeça descansada sobre um montão de folhas, Sultão começou a lamber o peito do desgraçado, enquanto eu, embebendo o lenço na água aromática, aplicava-lho às fontes, molhava-lhe o rosto, e a destra, sobre o coração, em breve sentia débeis e demorados suspiros. Sultão, também ele, não poupava meios de o chamar a si. Assim que, lambia-lhe as mãos, cheirava-lhe o corpo, roçava a sua cabeça na cabeça dele, até que o moribundo abriu os olhos para de novo cerrá-los, suspirando angustiosamente.

Assentado então, tomei-lhe a cabeça nos meus joelhos, suavemente, rogando ao Senhor a ressurreição do pecador.

Deus ouviu-me: o enfermo abriu os olhos e, vendo-se afagado, olhou-me com profundo assombro, bem como a Sultão, que lhe aquecia os pés com o calor do próprio corpo.

Cheguei-lhe aos lábios a cabaça de vinho, dizendo-lhe:

— Bebe.

Ele não se fez rogado: bebeu avidamente, fechando de novo os olhos como para coordenar as ideias.

Depois, procurou erguer-se, no que o auxiliei, e passando-lhe o braço à cintura, com a cabeça a descansar-me no ombro, ofereci-lhe um pedaço de pão, dizendo:

— Faze um esforço e come.

Fê-lo febrilmente e, havendo outra vez bebido, perguntou:

— Quem és?

— Um homem que te ama muito.

— Que me ama muito! Como! Se ninguém jamais, me amou?

— Mas amo-te eu e tanto que pedi a Deus não te encontrassem os teus perseguidores, pois és decerto aquele que deveria ser recolhido ao presídio de Toulon.

A estas palavras, o fugitivo, possuído de violento tremor, olhou-me fixa, desconfiadamente, e com voz roufenha acrescentou:

— Não me enganes que caro te custará; sou um homem de ferro.

A estas palavras, seguiu-se um esforço para levantar-se, mas eu o detive, dizendo:

— Nada receies, porquanto quero salvar-te; confia em mim e dia virá em que renderás graças a Deus. Agora, dize-me, por que te encontras aqui?

— Porque, conhecendo perfeitamente estas montanhas, ao fugir da prisão tinha por certa a minha segurança, oculto em qualquer destas furnas. Não contava, porém, com a fome e não sei que outra enfermidade me assaltou, pois parecia que me esfacelavam o peito a marteladas. Apenas pude encafuar-me ali onde me encontraste, cobrindo-me com os ramos mais à mão, depois... depois de nada mais me lembro, a não ser que morto estaria se não se dera a tua intervenção.

— Sentes-te com forças para caminhar?

— Agora, sim; não sei mesmo como tal sucedeu.

E levantou-se agilmente.

— Arrima-te, pois, a mim e saiamos daqui. Como te chamas?

— João.

— Escuta, pois, João: faz-de-conta que nasceste esta noite para te tornares grato às vistas do Senhor.

Guiados por Sultão, saímos da furna que fazia muitos ziguezagues; passamos às escarpas e, ao sentir-me em terreno plano, estreitei o braço do companheiro, dizendo-lhe:

— João, contempla este espaço e bendiz a grandeza de Deus.

Tudo o que foi trazido até esse ponto de informações sobre a grandiosa alma de padre Germano e do seu fiel companheiro Sultão, atinge o seu clímax no capítulo que intitulamos o *lamento de Padre Germano* que ocorre quando o seu fiel amigo desencarna, deixando o veículo físico após alcançar uma longevidade admirável para o animal. Acompanhe-nos até ele.

O lamento de Padre Germano

ESSA PÁGINA do livro *Memórias do Padre Germano,* merece ser lida com muito carinho porque ela revela como um Espírito superior se relaciona e sente a partida de um animal amigo. Página 127:

> Estou triste, Senhor, muito triste...
>
> Sultão[1], o fiel Sultão, companheiro de uma parte da minha vida, posto que alcançasse longevidade extraordinária, foi-se, finalmente, deixando-me sozinho. Fui eu quem primeiro o acariciou ao nascer, e também fui eu

---

[1] Sultão era um cachorro da raça Terra Nova, sendo característica dessa raça ser sensível, de uma fidelidade extraordinária, de um temperamento franco, dócil, calmo e manso, ele adora as crianças. Possui o instinto de salva-vidas no mais alto grau, atirando-se à água e podendo nadar durante horas para socorrer um naufragado. Verdadeiro "São Bernardo dos mares."

quem lhe amparou a cabeça sobre os joelhos, no momento extremo da partida.

Pobre animal! Pesa dizê-lo, mas é verdade – achei num cão o que nunca pude encontrar num homem.

Quanta lealdade, cuidado, solicitude! O pobre Sultão dormia de dia e raras vezes à noite, salvo, quando enfermo. Se algumas vezes Miguel e eu dormíamos até mais tarde, era de ver-se a delicadeza com que ele nos despertava, puxando-nos as cobertas. Se nos meus passeios pelo mato acontecia adormecer, depois de meditar, era ele quem, ao aproximar-se a noite, me despertava. Parecia adivinhar sempre os meus desejos!

Não tinha ele por hábito entrar no cemitério; ao contrário, ladrava impaciente sempre que avistava o coveiro; mas depois que ela morreu, a jovem pálida dos cabelos negros[2], ali penetrou comigo por ocasião do enterro e, por último, quando se sumia. Miguel comentava sorrindo: – "Há de lá estar com certeza." Aquele *lá*, era a sepultura dela.

Efetivamente, aí o encontrava sentado junto à lousa, por trás da cruz. Ao ver-me, corria e ambos nos encaminhávamos para a tumba que encerrava todos os amores e felicidades da minha vida.

---

[2] Padre Germano se refere a uma jovem que declarou-lhe amor verdadeiro quando ainda solteira. O padre, contudo, permaneceu fiel à sua castidade moral orientando a jovem que procurasse um homem livre para fazê-la feliz. Continuou, entretanto, no silêncio da sua solidão a amar essa mulher a quem atendeu no leito de morte anos depois. O cemitério a que ele se refere era o local onde seus despojos materiais foram sepultados a pedido dela para que, dessa forma, depois de morta, pudesse ficar ao lado do homem a quem verdadeiramente amara quando em vida.

Ah! Sultão! Sultão! que maravilhosa inteligência possuías! Quanta dedicação te merecia a minha pessoa! Perdi-te, e perdi em ti o meu melhor amigo!

Outrora, quando me recolhia ao meu tugúrio; quando prosternado ante o oratório, rezava com lágrimas; quando lamentava as perseguições que eu sofria, era ele quem me escutava imóvel, sem nunca se aborrecer da minha companhia. Seu olhar buscava sempre o meu e, quando às portas da morte, vi-o reclinar a cabeça em meus joelhos, buscar o calor do meu corpo, foi quando no seu olhar se extinguiu *a chama misteriosa que arde em todos os seres da Criação.* Agora, sei que estou só; o pobre Miguel é máquina que funciona quando a faço funcionar. Em Sultão, ao contrário havia iniciativa, ação constante, e, se algumas boas obras pude fazer na vida, foi ele o primeiro a impelir-me, dizendo com os seus afagos e inteligentes olhares: – "Corre, porque é preciso salvar um homem..." E eu corria pressuroso, alentado pelo desejo de praticar um benefício.

Agora, ninguém me chama quando desperto, ninguém me alegra, tenho frio n´alma e frio intenso; ao entrar em casa, tudo permanece silencioso. O velho Miguel, ocupado no jardim, aparece se o chamo; senão... nem meus passos ouve e prossegue na sua ocupação favorita.

Diante da janela, então, contemplando o céu, enquanto mil lembranças me afluem à mente... longe diviso alguns seres que me dirigem um olhar de gratidão; perto, porém, os implacáveis inimigos que me perseguem e acusam de apóstata, traidor da Igreja e do Estado.

O que poderíamos dizer de mais belo sobre um animal do que essa declaração de amor dessa alma grandiosa ao companheiro que partiu? O último destaque é um testemunho do padre Germano sobre o ser imortal que estagia em todos os seres da Criação, a chama, o princípio não material que existe na obra da Criação sobrevivendo à morte continuando a sua jornada evolutiva.

Diante da grandeza de um Espírito como esse, com essa declaração dos seus sentimentos ao companheiro que partiu, resta-nos perguntar: é correto maltratarmos os animais? É correto tratá-los como objetos que não possuem sentimentos? É justo procedermos com os animais, nossos irmãos mais jovens, como se fossem "coisas" desprovidas de direitos? Como você se sente ao ler esse trecho desse trabalhador de Jesus em relação ao seu fiel companheiro Sultão? Você ainda tem dúvidas, tem vergonha de dizer que ama os animais?

O interessante é que os Espíritos elevados mantêm um amor verdadeiro pelos animais entendendo que eles não são menores no sentido de terem menos direitos perante as Leis da Vida. Os animais, na visão das almas evoluídas, são apenas irmãos mais novos na Obra da Criação e, por isso mesmo, devotam-lhes carinho e proteção.

No livro *Chico Xavier – Pequenas histórias: um grande homem*, de Oswaldo Cordeiro, Grupo Ideal Espírita André Luiz, São Paulo, 2005, 1.ª edição, página 54, encontramos a seguinte informação:

Durante toda a sua existência, nesta encarnação, o Chico esteve cercado de animais em seu lar. Em Uberaba ele tinha alguns cachorrinhos e muitos gatos (mais de cem).

Um dia, sentado na varanda de seu lar, com um cachorrinho no colo, chamado Brinquinho, o Chico me disse:

— Meu filho, este (referindo-se ao Brinquinho) é o mesmo amigo de Pedro Leopoldo, é a quinta vez que ele vem para a minha casa.

O amor dedicado àquele animal pelo Chico era tão grande, tão profundo, tão significativo, que a parte imortal do cão voltava pela quinta vez a reencarnar no lar dele! É a força gigantesca do amor que supera inclusive a própria morte do veículo material.

No livro *Lindos casos de Chico Xavier*, de autoria de Ramiro Gama, Editora LAKE, São Paulo, 15.ª edição, 1987, página 80, encontramos a história do cão Lorde. Vejamos:

José e Chico Xavier possuíam um lindo cão. Chamava-se Lorde.

Era diferente de outros cães.

(...)

Conhecia, nas pessoas que visitavam seus donos, quais os bem intencionados, quais os curiosos e aproveitadores.

Dava logo sinal, latindo insistentemente ou mudamente balançando a cauda, à chegada de alguém, dizendo nesse sinal se a visita vinha para o bem ou para o mal.

Chico conta-nos casos lindos sobre seu saudoso cão.

Depois, tristemente, acrescenta:

— Senti-lhe, sobremodo, a morte. Fez-me grande falta. Era meu inseparável companheiro de oração. Toda manhã e à noite, em determinada hora, dirigia-me para o quarto para orar. Lorde chegava logo em seguida.

Punha as mãos sobre a cama, abaixava a cabeça e ficava assim em atitude de recolhimento, orando comigo.

Quando eu acabava, ele também ia deitar-se a um canto do quarto.

Em minhas preces mais sentidas, Lorde levantava a cabeça e enviava-me seus olhares meigos, compreensivos, às vezes cheios de lágrimas, como a dizer que me conhecia o íntimo, ligando-se a meu coração.

Desencarnou. Enterrei-o no quintal lá de casa.

Lembramos ao Chico o Sultão, inteligente cão do padre Germano.

Contou-nos casos do Lorde; contamos-lhe outros do Sultão.

E, em pouco, estávamos emocionados.

Ah! sim, os animais também têm alma e valem pelos melhores amigos!

Ainda sobre Lorde, gostaríamos de acrescentar uma informação que ouvimos da Dra. Irvênia Prada em um programa de entrevista em televisão. Conta a estudiosa doutora, que José, irmão de Chico, ao desencarnar, pediu que o médium tomasse conta de Lorde que ficava entre os encarnados. No dia em que o cão partiu para o mundo espiritual, Chico, narra a doutora Irvênia, viu José tomar a alma de Lorde nos braços e conduzi-lo para o mundo espiritual. Coisa linda, não é mesmo?

Continuando com Chico Xavier, livro *Lições de sabedoria*, Editora Jornalística FE, São Paulo, 1996, página 238, autoria de Dra. Marlene Rossi Severino Nobre, encontramos mais uma passagem do médium junto aos animais:

> Os animais também oram – Da cauda ao focinho, totalmente preto, era aquele cãozinho que chegava vagarosamente, com dignidade, nas sessões públicas do Centro Espírita Luiz Gonzaga, da cidadezinha rural de Pedro Leopoldo, Minas Gerais, e dirigia-se para o canto, onde Chico Xavier estava. Ali ficava, como se estivesse em prece, quieto, olhos fechados. Terminados os trabalhos, desaparecia silenciosamente como chegara. Uma tarde, a dona de Negrito deparou-se com o médium e lhe falou: 'Imagine, meu cachorrinho às sextas e segundas some das 20 às 2 horas da madrugada, e só agora vim a saber que vai para o seu Centro! Como é que ele, sendo um animal, consegue vencer todos os obstáculos e fugir para frequentar um ambiente sadio, espiritualmente elevado, enquanto eu, por mais que queira, não tenho forças para ir a um Centro Espírita?'

Chico (as multidões de sofredores e enfermos o seguem, como outrora seguiam a Jesus) sorriu, escondendo a emoção, e a consolou: '*Minha filha, não fique triste. Negrito leva para você um pouco de paz e um dia, que já vem perto, há de trazê-la aqui. Jesus há de ajudá-la'*. Não se passou muito tempo. Logo a infeliz meretriz, depois de abandonar sua triste profissão, juntamente com seu leal amigo, Negrito, começaram a frequentar as aulas de evangelização no Centro do Chico...

Como não amar criaturas menores na escala evolutiva capazes de atitudes que o próprio homem, ser superior, não é capaz de ter? Negrito foi o cicerone de sua dona até o Evangelho de Jesus!

Temos agora o testemunho contido no livro *Chico Xavier para sempre*, Editora Didier, Votuporanga/SP, 1.ª edição, 1997, autoria de Márcia Queiroz Silva Baccelli, página 133 a 135:

Todos aqueles que conhecem a vida de Chico Xavier, vêm observando, ao longo do tempo, o seu grande amor pelos animais.

Em sua casa, ele tinha dois cachorrinhos da raça pequinês, chamados Brinquinho e Fofa.

Brinquinho, apesar de encontrar-se cego e doente, acompanhava Chico em todos os seus movimentos dentro de casa.

Enquanto o médium trabalhava psicografando páginas e mais páginas dos amigos espirituais, Brinquinho permanecia debaixo da mesa, aos pés do dono, como se estivesse orando...

À chegada de alguém, ele latia ou aproximava-se mais de seu benfeitor, no intuito de protegê-lo.

Brinquinho só faltava falar, pois Chico conversava muito com ele, e o mais espantoso é que compreendia tudo e respondia a seu modo...

No dia 12 de outubro, quando comemoramos o Dia da Criança, o animalzinho partiu para o Mundo Espiritual. Apesar de não queixar-se, percebemos a dor de Chico, com a separação transitória do "grande amigo", como se referia sempre ao cachorrinho.

O amigo dos animais o enterrou no quintal de sua casa, bem próximo de seu quarto. Chico contou-nos lindo fato sobre Brinquinho, evidenciando que ele era um cachorro diferente.

Em certa época, havia em sua casa uma gata que tinha dado a luz a muitos gatinhos. Eles, porém, eram muito pequenos e tinham muita dificuldade de aproximarem-se da mãe, para mamar. Brinquinho, então, conduzia-os ternamente, com a boca, até a "mamãe gata", da mesma forma que ela procedia para carregá-los...

Ao recordar do amigo, os olhos de Chico brilhavam pelas lágrimas de saudade!

Fofa, a outra cachorrinha, que ainda permanece ao lado do médium, também sentiu muita falta de Brinquinho, e a cada dia apega-se mais ao seu grande protetor... E, muitas vezes, ao distanciar-se dele, ela o chama, num som bem nítido: 'Chi... Chi...'

Outro fato interessante do amor de Chico aos animais é o que acontece quando ele vai à Goiânia, nas vésperas do Natal, visitar os irmãos hansenianos na Colônia Santa Marta.

Como mensageiro da esperança, a sua presença é o melhor presente de Natal, como dizem os próprios doentes.

Mas, a chegada de Chico à Colônia é precedida de grande inquietação, não somente por parte dos amigos que lá residem, mas sobretudo por um cão... Contam alguns amigos goianenses que este cachorro tinha uma doença na pele e estava destinado a ser sacrificado...

Ao vê-lo na Colônia, Chico aproximou-se, ajoelhou e abraçou-o. Desde então, ele curou-se. Chico deu-lhe o nome de Menino. Ele parece pressentir quando o amigo está para chegar, pois fica todo agitado, ganindo muito. Quando o carro que conduz Chico estaciona, Menino tenta soltar-se da coleira para ir ao seu encontro. Ele era um cão feroz, devido a erupção na pele, agora é dócil, principalmente com o seu grande amigo de Uberaba.

Os animais têm alma e Chico é sensível a esta realidade, auscultando-lhes o psiquismo e, em sua vida de renúncia, eles lhe valem por grandes companheiros em suas horas de solidão.

Essa conduta é uma constante na vida das grandes almas. No livro *Cairbar Schutel, o bandeirante do espiritismo,*

Casa Editora O Clarim, edição de 2009, páginas 115 a 117, encontramos nessa figura que foi o arauto do Espiritismo na região Araraquarense, o amor pelos animais. Para podermos ter uma pálida ideia da evolução do senhor Schutel, vale lembrar que ele comunicou-se através do médium Urbano Xavier enquanto o corpo físico que ele ocupara estava sendo velado. Diante de um gato chamado Nhonhô machucado em uma das vistas, querido dos familiares pelas brincadeiras que fazia com roupas e novelos de lã, Cairbar afirma: a gente não tem coragem de ver os animais sofrerem! E aplicou clorofórmio no bichano.

Em outra passagem nos é revelado que um burrico muito bem cuidado transportou Cairbar Schutel durante muitos anos. Assim que o muar caiu doente, Cairbar emprestou um guindaste para levantá-lo e poder medicá-lo. A despeito de todos os esforços, entretanto, o burrico veio a falecer. Senhor Schutel enterrou-o com muito pesar.

Como necessitava locomover-se, logo comprou um cavalo a quem chamou de 'Cabrito' afeiçoando-se muito a ele. 'Cabrito' ficava solto no quintal da casa e acostumou-se a pôr a cabeça nas janelas para pedir balas de açúcar que seu dono oferecia-lhe. Quando o cavalo ficou velho, Cairbar aposentou-o. Uma noite o animal, muito doente, veio bater as patas na porta da casa de Schutel que o afagou docemente na cabeça. No dia seguinte o animal amanheceu morto e o senhor Cairbar entendeu que ele tinha vindo despedir-se.

Rolf era o nome de um grande cão dinamarquês que Cairbar teve em seus últimos anos de vida. Era um cão de raça, todo negro, que um amigo lhe ofertara ainda pequeno. Tornou-se um cão enorme, feroz e carrancudo para toda gente. Mas parecia sorrir para o dono, sentando como gente, a uma cadeira. Era doido por pastéis, ovos cozidos e sorvete. Adorava passear de automóvel com o seu dono, sentado no assento traseiro todo garboso. Uma ocasião um caminhão o atropelou, descadeirando-o. Evidentemente que recebeu todo o amparo de Cairbar com o carinho de gente boa para pessoas queridas. Rolf recuperou-se, mas ficou manco. Esse animal, segundo testemunha, morreu de tristeza e inanição logo em seguida a Cairbar Schutel.

Coisas que o amor é capaz de fazer nas mãos daquele que verdadeiramente ama, sem preconceitos, aos seus irmãos mais novos, os animais. Como já ouvi dizer "os animais nos falam, nós é que não entendemos". Nessa relação em que os animais se doam incondicionalmente, nos posicionamos com o extremo orgulho de seres que descendo a atitudes inferiores não existentes no reino animal, nos tornamos menos dignos diante de Deus do que os próprios animais, nossos irmãos mais novos.

Os animais evoluem?

A PERGUNTA DESSE capítulo foi feita intencionalmente de maneira *errada*. O correto é perguntar: *o princípio imortal existente no animal evolui?* Aí, sim, a pergunta ganha sentido. O corpo do animal pode continuar o mesmo indefinidamente, mas o ser que sobrevive à morte desse corpo sofre modificações que o preparam para adentrar, um dia, no reino hominal da mesma maneira como almejamos as conquistas que nos levem ao reino angelical no sentido de alcançarmos a perfeição. Os argumentos a favor dessa hipótese são gritantes no conteúdo das obras básicas e é exatamente nelas que nos basearemos para discutir essa tese.

Para começarmos de uma maneira mais simples, tomemos o livro *O que é o espiritismo*, edição FEB,

Brasília-DF, 2004, onde encontramos na pergunta 112 o seguinte:

Criou Deus as almas iguais moral e intelectualmente, ou fê-las mais perfeitas e inteligentes umas que as outras?

Muitos argumentam diante dessa pergunta que Kardec referia-se ao ser humano e não ao animal. A resposta a essa mesma pergunta anula tal raciocínio, como veremos:

Se Deus as houvesse feito umas mais perfeitas que as outras, não conciliaria essa preferência com a justiça.

Sendo todas as criaturas obra Sua, por que dispensaria Ele do trabalho umas, quando o impõe a outras para alcançarem a felicidade eterna?

Os Espíritos Superiores, empregando o termo "todas", não deixam nenhum ser da Criação de fora. Os animais não poderiam ser excluídos já que são obra de Deus. Se excluirmos algum ser da Criação, a preferência por uns em relação aos outros não conciliaria com a Justiça perfeita de Deus. Não há como interpretar diferentemente, a não ser por orgulho e vaidade.

Por favor, leiam com bastante calma e atenção esse trecho do livro *A Gênese*, capítulo XI, item 23:

Tomando-se a Humanidade no grau mais ínfimo da escala espiritual, como se encontra entre os mais atrasados selvagens, perguntar-se-á se é aí o ponto inicial da alma humana.

Na opinião de alguns filósofos espiritualistas, o princípio inteligente, distinto do princípio material, se individualiza e elabora passando pelos diversos graus da animalidade. É aí que a alma se ensaia para a vida e desenvolve, pelo exercício, suas primeiras faculdades. Esse seria para ela, por assim dizer, o período de incubação. Chegada ao grau de desenvolvimento que esse estado comporta, ela recebe as faculdades especiais que constituem a alma humana. Haveria assim filiação espiritual do animal para o homem, como há filiação corporal.

Esse sistema, fundado na grande lei de unidade que preside à criação, corresponde, forçoso é convir, à justiça e à bondade do Criador; dá uma saída, uma finalidade, um destino aos animais, que deixam então de formar uma categoria de seres deserdados, para terem, no futuro que lhes está reservado, uma compensação a seus sofrimentos. O que constitui o homem espiritual não é a sua origem: são os seus atributos especiais de que ele se apresenta dotado ao entrar na humanidade, atributos que o transformam, tornando-o um ser distinto, como o fruto saboroso é distinto da raiz amarga que lhe deu origem. Por haver passado pela fieira da animalidade, o homem não deixaria de ser homem; já não seria animal, como o fruto não é a raiz, como o sábio não é o feto informe que o pôs no mundo.

Obviamente que essa afirmativa, bastante clara e compatível com a justiça e a bondade de Deus, fere violentamente o homem cheio de cultura, de dinheiro, de fama, ocupando posição social de destaque e que não pode admitir que tenha estagiado entre animais. No entanto, esse mesmo homem orgulhoso finge que não vê as barbaridades cometidas pelo ser humano quando ele pratica crimes que aos animais não é dado praticar. As corrupções, as impunidades, os estupros seguidos de morte, os sequestros e suas vítimas físicas e psicológicas, os infanticídios, os assassinatos de pais e mães, a venda de drogas na porta das escolas, as guerras movidas por interesses alicerçados no orgulho e na vaidade do homem são situações menos difamantes do que ter passado pela escala animal?! Será esse homem muito digno para não ter estagiado no reino animal, onde não se encontra toda essa barbaridade que existe entre os homens repletos de orgulho e vaidade?!

Seria justo que um cavalo retornasse sempre puxando carroça e levando chicotadas nas costas? Você acha justo que um carneiro volte sempre para ter seu pescoço degolado, satisfazendo a gula do ser humano? Que dizer dos animais que são escalpelados ainda com vida para que suas peles sejam negociadas com altos lucros? Você gostaria de retornar ao mundo sempre em posição de sofrimento ou perguntaria de que adiantaria sofrer? Como nos ensina *A Gênese*, a evolução dos animais deixa uma explicação absolutamente justa para os seus sofrimentos. A dor pela qual eles passam seria utilizada para fazê-los crescer. Não seria perdida. Compatibiliza a bondade de Deus com a Sua justiça. Os animais, dessa maneira, sofrem, mas evoluem para um objetivo maior e mais feliz da mesma forma como ambicionamos crescer para vivermos em paz e felizes.

Ainda em *A Gênese*, capítulo I, questão 30, lemos:

Pelo Espiritismo, o homem sabe de onde vem, para onde vai, por que está na Terra, por que sofre temporariamente, e vê por toda parte a justiça de Deus. Sabe que a alma progride incessantemente, através de uma série de existências sucessivas, até atingir o grau de perfeição que a aproxima de Deus. Sabe que todas as almas, tendo um mesmo ponto de origem, são criadas iguais, com idêntica aptidão para progredir, em virtude do seu livre-arbítrio; que todas são da mesma essência e que não há entre elas diferença, senão quanto ao progresso realizado; que todas têm o mesmo destino e alcançarão a mesma meta, mais ou menos rapidamente, pelo trabalho e boa vontade.

Sabe que não há criaturas deserdadas, nem mais favorecidas umas do que outras; que Deus a nenhuma criou privilegiada e dispensada do trabalho imposto às outras para progredirem; que não há seres perpetuamente votados ao mal e ao sofrimento; que os anjos ou Espíritos puros não são seres à parte na criação, mas Espíritos que chegaram à meta, depois de terem percorrido a estrada do progresso; que, por essa forma, não há criações múltiplas, nem diferentes categorias entre os seres inteligentes, mas que toda a criação deriva da grande lei de unidade que rege o Universo e que todos os seres gravitam para um fim comum que é a perfeição, sem que uns sejam favorecidos à custa de outros, visto serem todos filhos das suas próprias obras.

Aqui está posto de maneira inconfundível que a justiça de Deus não criaria almas diferentes privilegiando a umas em detrimento de outras; que todas são oriundas da mesma essência; que a diferença entre elas é feita através da evolução que cada uma possui; que todos os seres caminham para um fim comum, que é exatamente a perfeição. Como negar diante desse trecho marcantemente claro que o princípio inteligente do animal também evolui?

Gostaríamos de citar do livro de Ernesto Bozzano, mencionado anteriormente, que uma senhora inglesa de nome lady Cathness, recebeu mediunicamente o seguinte ensinamento:

O gás se mineraliza,
O mineral se vegetaliza,
O vegetal se animaliza,
O animal se humaniza,
O homem se diviniza.

Fica bem nítido nesse pensamento o processo evolutivo de tudo que é criado por Deus, dando-nos, mais uma vez, a ideia da justiça perfeita do Criador.

Ensina Cairbar Schutel em seu livro *Gênese da Alma*:

> São irrisórios os anexins populares: 'Deus criou o cão para morrer ladrando'. 'Quem nasceu burro nunca chega a ser gente'.
>
> O progresso é lei inflexível; embora negado, faz valer a sua autoridade, e aqueles próprios que lhe negam ação benéfica e regeneradora, submeter-se-ão, queiram ou não queiram, à influência que exerce todo Universo.
>
> Todos os animais inferiores, que vivem nos ares ou nas águas, ou que caminham na terra, contêm um princípio anímico imortal e acessível à perfeição. Todos eles, por estradas retas ou por caminhos ínvios, despontarão na Humanidade, como o fruto em germe na semente, depois de passar pelos processos de germinação, nascimento, crescimento, florescência, pende dourado, preso às hastes cobertas de folhas verdes!
>
> O que vive, pensa e age não morre; e o que não morre se transforma, regenera, progride através das idades, pela senda da Perfeição, atraído pelo poder de Deus!
>
> As leis materiais com seus fenômenos admiráveis são exemplos, demonstrações vivas do que se passa nos planos invisíveis aos olhos humanos, cobertos ainda, estes últimos, das teias dos dogmas e preconceitos.

Atentemos para o ensinamentos de Gabriel Delanne no livro *A evolução anímica*:

A finalidade da alma é o desenvolvimento de todas as faculdades a ela inerentes. Para consegui-lo, ela é obrigada a encarnar grande número de vezes na Terra, a fim de acendrar suas faculdades morais e intelectuais, enquanto aprende a senhorear e governar a matéria. É mediante uma evolução ininterrupta, a partir das formas de vida mais rudimentares, até a condição humana, que o princípio pensante conquista, lentamente, a sua individualidade. Chegado a esse estágio, cumpre-lhe fazer eclodir a sua espiritualidade, dominando os instintos remanescentes da sua passagem pelas formas inferiores, a fim de elevar-se, na série das transformações, para destinos sempre mais altos.

Gostaria de fazer a você, que raciocina, uma pergunta muito interessante: analisando todo o mal que a maioria dos homens é capaz de fazer ao seu semelhante, você ainda duvida que passamos pelo reino animal? Será que já dominamos os instintos que, como diz Gabriel Delanne, são as marcas de nossas passagens pelo reino animal? Você vê muita diferença entre a fera que se lança sobre a sua presa para alimentar-se e o homem que se lança sobre o seu semelhante para esmagá-lo, derrotá-lo, fazer-lhe o mal? Lembremos que o animal cumpre um ritual da sua alimentação. O homem cumpre o ritual que satisfaz ao seu violento egoísmo, orgulho e vaidade. Estamos mais pertos dos Espíritos perfeitos ou mais próximos do reino por onde estagiamos entre nossos irmãos mais novos, os animais?

Na questão de número 607 de *O Livro dos Espíritos*, Kardec pergunta:

> Foi dito que a alma do homem, em sua origem, está no estado da infância na vida corporal, que sua inteligência apenas desabrocha e ensaia para a vida; onde o Espírito cumpre essa primeira fase?
> — Numa série de existências que precedem o período a que chamais humanidade.

Em consequência desse raciocínio, Kardec formula uma outra questão, para a qual chamamos a atenção dos leitores:

> A alma pareceria, assim, ter sido o princípio inteligente dos seres inferiores da criação?
> — Não dissemos que tudo se encadeia na Natureza e tende à unidade? É nesses seres, que estais longe de conhecer totalmente, que o princípio inteligente se elabora, se individualiza pouco a pouco e ensaia para a vida, como dissemos. É, de alguma sorte, um trabalho preparatório, como o da germinação, em seguida ao qual o princípio inteligente sofre uma transformação e se torna Espírito. É então que começa para ele o período de humanidade, e

com ele a consciência de seu futuro, a distinção do bem e do mal e a responsabilidade dos seus atos; como depois do período da infância vem a adolescência, depois a juventude e, enfim, a idade madura. Não há, de resto, nessa origem, nada que deva humilhar o homem. Os grandes gênios são humilhados por terem sido fetos informes no seio de sua mãe? Se alguma coisa deve humilhá-lo é a sua inferioridade diante de Deus e sua impotência para sondar a profundeza dos seus desígnios e a sabedoria das leis que regem a harmonia do Universo. Reconhecei a grandeza de Deus nessa harmonia admirável que torna tudo solidário na Natureza. Crer que Deus haja feito alguma coisa sem objetivo e criado seres inteligentes sem futuro seria blasfemar contra a Sua bondade, que se estende sobre todas as Suas criaturas.

Cremos estar suficientemente nítida a teoria evolutiva do princípio inteligente nessa resposta. O princípio inteligente sofre uma transformação e se torna Espírito, ou seja, ganha consciência dos seus atos, entra na era da razão, passa a responder perante a lei de causa e efeito, ingressa no período de humanidade. Dessa maneira, todo o sofrimento que o princípio imortal que estagia no animal sofre não é em vão, não é jogado fora, não sofre limitação, tem o direito de crescer como nós temos. Qualquer pensamento em contrário é blasfemar contra a justiça e a bondade de Deus, que se estende sobre todas as criaturas e não somente sobre os homens. Nosso orgulho e egoísmo exigem que Deus exista só para o ser humano atendendo-nos em nossas necessidades, mas a Inteligência suprema do Universo a todos abraça dando oportunidades idênticas a toda a obra da Sua Criação. Na questão de número 604 de *O Livro dos Espíritos*, Kardec insiste:

> Os animais, mesmo aperfeiçoados nos mundos superiores, sendo sempre inferiores ao homem, resulta que Deus criou seres intelectuais perpetuamente votados à inferioridade, o que parece em desacordo com a unidade de vistas e de progresso que se distingue em todas as Suas obras?
>
> — Tudo se encadeia na Natureza por laços que não podeis ainda compreender, e as coisas, as mais díspares na aparência, têm pontos de contato que o homem não chegará jamais a compreender no seu estado atual. Ele poderá entrevê-lo por um esforço de sua inteligência, mas só quando sua inteligência tiver adquirido todo o seu desenvolvimento e estiver isenta dos preconceitos do orgulho e da ignorância, é que ele poderá ver claramente a obra de Deus. Até lá, suas ideias limitadas fazem-no ver as coisas de um ponto de vista mesquinho e restrito. Sabei bem que Deus não pode se contradizer e que tudo, na Natureza, se harmoniza por leis gerais que não se afastam jamais da sublime sabedoria do Criador.

Reforçando essa mesma colocação da pergunta anterior, na questão de número 540, encontramos uma afirmativa muito parecida:

> (...) É assim que tudo serve, tudo se coordena na Natureza, desde o átomo primitivo até arcanjo que, ele mesmo, começou pelo átomo.

Como não entender o que está escrito acima? Se o próprio arcanjo, que significa o Espírito que atingiu a perfeição, começou um dia pelo átomo, como excluir os animais desse processo evolutivo? Ressalvo sempre que me refiro ao princípio imortal que existe nos animais e não aos seus veículos físicos, que perecem da mesma forma que o corpo do homem. Se o arcanjo passou pelo átomo, por que o homem, que ainda não atingiu a perfeição, não poderia ter passado pelo reino animal durante o seu processo no ganho de experiências para ingressar no reino angelical? O que o homem tem de melhor que o arcanjo?

No livro *A Gênese*, capítulo I, questão de número 30, encontramos a seguinte colocação:

> Pelo Espiritismo, o homem sabe donde vem, para onde vai, por que está na Terra, por que sofre temporariamente e vê por toda parte a justiça de Deus. Sabe que a alma progride incessantemente, através de uma série de existências sucessivas, até atingir o grau de perfeição que a aproxima de Deus. Sabe que todas as almas, tendo um

mesmo ponto de origem, são criadas iguais, com idêntica aptidão para progredir, em virtude de seu livre-arbítrio; que todas são da mesma essência e que não há entre elas diferenças, senão quanto ao progresso realizado; que todas têm o mesmo destino e alcançarão a mesma meta, mais ou menos rapidamente, pelo trabalho e boa vontade.

Essa justiça absoluta não teria criado o animal destinado a um sofrimento sem o direito de evoluir. Todas as almas são da mesma essência e a diferença está no progresso realizado. Ora, se os animais têm um princípio que sobrevive à morte do corpo, esse princípio sobrevive com que finalidade? Para voltar ao mesmo sofrimento sem direito a crescer? O cavalo voltaria sempre para levar chibatadas? Os bovinos para serem sacrificados nos matadouros? Isso estaria de acordo com essa justiça perfeita que cria o princípio imortal da mesma essência? Você gostaria de reencarnar para sempre num planeta que não evoluísse e o submetesse a esse mundo hostil como vivemos hoje? Você gostaria de sofrer para sempre as enfermidades do corpo e da alma sem nenhuma chance de crescer e delas ficar livre? Como negar então, aos animais, direito semelhante se são criados da mesma essência?

Na questão de número 606 de *O Livro dos Espíritos*, Kardec pergunta onde os animais tomam o princípio inteligente que constitui a espécie particular de alma, da qual eles são dotados.

E a resposta é clara. Notem que o Codificador falou em alma também para os animais.

"No elemento inteligente universal."

Mais uma vez fica demonstrado que todo princípio inteligente tem a mesma origem: o elemento universal, o que está de pleno acordo com a justiça perfeita.

Na mesma questão, Kardec insiste:

> A inteligência do homem e a dos animais emanam então de um princípio único?
>
> Sem nenhuma dúvida, mas no homem ela recebeu uma elaboração que o eleva acima do animal.

É lógico o raciocínio. A alma do homem recebeu uma elaboração exatamente passando pelo reino animal como já destacamos anteriormente quando abordamos a questão de número 607 do mesmo livro: "Numa série de existências que precedem o período a que chamais humanidade". A sequência é de uma lógica tão grande que vale a pena ser relembrada:

> A alma pareceria, assim, ter sido o princípio inteligente dos seres inferiores da criação?
>
> Não dissemos que tudo se encadeia na Natureza e tende à unidade? É nesses seres, que estais longe de conhecer totalmente, que o princípio inteligente se elabora, se individualiza pouco a pouco e ensaia para a vida, como dissemos.

É a essa elaboração, a essa construção da alma que habitará um dia o reino hominal que os Espíritos se referem claramente nessas questões.

Convidamos você para que conheça os ensinamentos de André Luiz sobre a evolução do princípio inteligente.

Ensinamentos de André Luiz

O NOBRE ESPÍRITO André Luiz nos oferece, em vários de seus livros, ensinamentos sobre a evolução do princípio inteligente no seu trabalho de conquistar conhecimentos na jornada evolutiva.

No livro *Evolução em dois mundos*, 3.ª edição, 1971, FEB, Rio de Janeiro, capítulo IV, página 40, encontramos o seguinte parágrafo:

> Propomo-nos simplesmente salientar que a lei da evolução prevalece para todos os seres do Universo, tanto quanto os princípios cosmocinéticos, que determinam o equilíbrio dos astros, são, na origem, os mesmos que regulam a vida orgânica, na estrutura e movimento dos átomos.

Já nesse primeiro parágrafo, encontramos a colocação de André Luiz que está plenamente de acordo com a Justiça Divina. Deus proporciona a todos os seres da Sua criação o direito de progredir. Dessa maneira, todo esforço, todo sofrimento, todas as privações, não terão sido em vão, mas direcionadas para elevar a criatura, cada vez mais, para situações superiores e melhores. No mesmo livro, capítulo III, página 39, outra colocação de André Luiz, faz-se importante de ser mencionada:

> Se, no círculo humano, a inteligência é seguida pela razão e a razão pela responsabilidade, nas linhas da Civilização, sob os signos da cultura, observamos que, na retaguarda do transformismo, o reflexo precede o instinto, tanto quanto o instinto precede a atividade refletida, que é base da inteligência nos depósitos do conhecimento adquirido por recapitulação e transmissão incessantes, *nos milhares de milênios em que o princípio espiritual atravessa lentamente os círculos elementares da Natureza,* qual vaso vivo, de fôrma em fôrma, *até configurar-se no indivíduo humano, em trânsito para a maturação sublimada no campo angélico.*

É extremamente claro o processo evolucionista que André Luiz descreve nesse parágrafo, principalmente nos trechos em destaque. Ele é incisivo ao dizer que o princípio espiritual atravessa lentamente os círculos elementares, ou seja, mais primitivos da Natureza. Onde seria o círculo mais primitivo na Natureza que antecede o reino hominal? Obviamente que, no reino animal! No reino hominal o princípio espiritual ganha a razão e continua em marcha evolutiva para o campo angélico que é exatamente o que André Luiz destaca na última linha do parágrafo acima colocada em destaque: até configurar--se no indivíduo humano, em trânsito para a maturação sublimada no campo angélico!

No parágrafo que iremos transcrever, André Luiz descreve todo um processo evolutivo do princípio inteligente através dos reinos da Natureza. Atenção a esse movimento para cima e para frente:

> Das cristalizações atômicas e dos minerais, dos vírus e do protoplasma, das bactérias e das amebas, das algas e dos vegetais do período pré-câmbrico aos fetos e às lipodiáceas, aos trilobites e cistídeos, aos cefalópodes, foraminíferos e radiolários dos terrenos silurianos, *o princípio espiritual* atingiu os espongiários e celenterados da era paleozoica, esboçando a estrutura esquelética.
>
> *Avançando* pelos equinodermos e crustáceos, *entre os quais ensaiou, durante milênios,* o sistema vascular e o sistema nervoso, *caminhou* na direção dos ganoides e teleósteos, arquegossauros e labirintodontes para culminar nos grandes lacertinos e nas aves estranhas descendentes dos pterossáurios, no jurássico superior, chegando à época supracretácea para entrar na classe dos primeiros mamíferos, procedentes dos répteis teromorfos.
>
> *Viajando sempre,* adquire entre os dromatérios e anfi-

térios os rudimentos das reações psicológicas superiores, incorporando as conquistas do instinto e da inteligência.

Mesmo que você não tenha entendido as denominações das fases às quais André Luiz se refere pelos nomes complicados que ele cita, é nítido o movimento de crescimento, o movimento evolutivo do princípio espiritual na ascensão, na subida para alguma coisa maior, sempre. Coloquei em destaque as palavras que indicam esse movimento, essa conquista para uma situação maior.

Seguindo no mesmo capítulo do livro citado, encontramos outra informação de André Luiz em que notamos o movimento evolutivo do princípio inteligente. Não nos preocupemos com os nomes científicos que o autor espiritual proporciona, mas sim em perceber que a evolução vai ocorrendo por ser uma determinação da Lei maior:

> Estagiando nos marsupiais e cetáceos do oceano médio, nos rinocerontídeos, cervídeos, antilopídeos, equídeos, canídeos, proboscídeos e antropoides inferiores do mioceno e exteriorizando-se nos mamíferos mais nobres do plioceno, incorpora aquisições de importância entre os megatérios e mamutes, precursores da fauna atual da Terra, e, alcançando os pitecantropoides da era quaternária, que antecederam as embrionárias civilizações paleolíticas, a mônada vertida do Plano Espiritual sobre o Plano Físico atravessou os mais rudes crivos da adaptação e seleção, assimilando os valores múltiplos da organização, da re-

produção, da memória, do instinto, da sensibilidade, da percepção e da preservação própria, penetrando, assim, pelas vias da inteligência mais completa e laboriosamente adquirida, nas faixas inaugurais da razão.

Mantendo-nos no mesmo capítulo de livro, anexamos mais informações do Espírito André Luiz, no sentido da evolução que não se detém até a perfeição possível de ser atingida:

> É assim que dos organismos monocelulares aos organismos complexos, em que a inteligência disciplina as células, colocando-as a seu serviço, o ser viaja no rumo da elevada destinação que lhe foi traçada do Plano Superior, tecendo com os fios da experiência a túnica da própria exteriorização, segundo o molde mental que traz consigo, dentro das leis de ação, reação e renovação que mecaniza as próprias aquisições, desde o estímulo nervoso à defensiva imunológica, construindo o centro coronário, no próprio cérebro, através da reflexão automática de sensações e impressões, em milhões e milhões de anos, pelo qual, com o auxílio das Potências Sublimes que lhe orientam a marcha, configura os demais centros energéticos do mundo íntimo, fixando-os na tessitura da própria alma.

O parágrafo que se segue é muito claro, muito incisivo, não deixando margens a dúvidas no processo evolutivo que o princípio inteligente realiza:

Contudo, para alcançar a idade da razão, com o título de homem, dotado de raciocínio e discernimento, o ser, automatizado em seus impulsos, na romagem para o reino angélico, despendeu para chegar nos primórdios da época quaternária, em que a civilização elementar do sílex denuncia algum primor de técnica, nada menos de um bilhão e meio de anos.

Na página 41 do capítulo IV, mais uma lição de André Luiz sobre a evolução do princípio inteligente:

> Examinando, pois, o fenômeno da reflexão sistemática, gerando o automatismo que assinala a inteligência de todas as ações espontâneas do corpo espiritual, reconhecemos sem dificuldade que a marcha do princípio inteligente para o reino humano e que a viagem da consciência humana para o reino angélico simbolizam a expansão multimilenar da criatura de Deus que, por força da Lei Divina, deve merecer, com o trabalho de si mesma, a auréola da imortalidade em pleno céu.

Nesse trecho, novamente, André Luiz nos fala sobre o movimento evolutivo do princípio inteligente do reino animal para o hominal e deste para o reino angélico por força da Lei Divina.

No livro *No mundo maior*, FEB 5.ª edição, capítulo 3, o mentor Calderaro assim se pronuncia em suas lições sobre o assunto da evolução:

O AMOR PELOS ANIMAIS — 137

Não somos criações milagrosas, destinadas ao adorno de um paraíso de papelão. Somos filhos de Deus e herdeiros dos séculos, conquistando valores, de experiência em experiência, de milênio em milênio. Não há favoritismo no Templo Universal do Eterno, e todas as forças da Criação aperfeiçoam-se no Infinito. A crisálida de consciência, que reside no cristal a rolar na corrente do rio, aí se acha em processo liberatório; as árvores que por vezes se aprumam centenas de anos, a suportar os golpes do Inverno e acalentadas pelas carícias da Primavera, estão conquistando a memória; a fêmea do tigre, lambendo os filhinhos recém-natos, aprende rudimentos do amor; o símio, guinchando, organiza a faculdade da palavra. Em verdade, Deus criou o mundo, mas nós nos conservamos ainda longe da obra completa. Os seres que habitam o Universo ressumbrarão suor por muito tempo, a aprimorá-lo. Assim também a individualidade. Somos criação do Autor Divino, e devemos aperfeiçoar-nos integralmente. O Eterno Pai estabeleceu como lei universal que seja a perfeição obra de cooperativismo entre Ele e nós, os Seus filhos.

Nesse parágrafo o mentor Calderaro deixa bem claro que não há favoritismo no Templo Universal. Não podemos, egoisticamente, entender que ele se refere apenas ao reino hominal porque, se assim fosse, estaria ocorrendo favoritismo dos homens em relação aos animais. E se houvesse favoritismo de quem quer que fosse, a Justiça perfeita estaria maculada, já que todos procedem de uma única origem. É muito claro quando Calderaro afirma que a crisálida da consciência reside no cristal; que as árvores estão conquistando a memória; que a fêmea do tigre está aprendendo rudimentos do amor ao lamber os filhotes e o símio exercita a palavra através dos seus guinchos. Tudo isso porque não há favoritismo no Templo Universal criado por Deus. No mesmo livro, capítulo 11, novamente o Mentor assim se pronuncia:

> *Todos* os seres que conhecemos, do verme ao anjo, são herdeiros da Divindade, que nos confere a existência, e todos somos depositários de faculdades criadoras.

Destaquei a colocação utilizada pelo Mentor Calderaro com o termo "todos", indicando que não há exceção perante a Justiça Divina.

Ao referir-se à sequência do cristal ao homem, lembramos da afirmativa contida na pergunta 540 de *O Livro dos Espíritos:* "É assim que tudo serve, tudo se coordena na Natureza, desde o átomo primitivo até o arcanjo que, ele mesmo, começou pelo átomo."

Como negar essa sequência justa e perfeita que as Leis Maiores programaram no Universo, dando oportunidades idênticas para que todo ser da obra de Deus evolua?

Num pequeno parágrafo do mesmo livro e capítulo, o mentor Calderaro faz outra afirmativa muito clara em favor da evolução através dos vários reinos:

> Desde a ameba, na tépida água do mar, até o homem,

vimos lutando, aprendendo e selecionando invariavelmente. Para adquirir movimento e músculos, faculdades e raciocínios, experimentamos a vida e por ela fomos experimentados, milhares de anos.

Essa colocação de "desde a ameba até o homem" não lembra a questão de número 540, quando lemos "desde o átomo até o arcanjo que, ele mesmo, começou pelo átomo"? Como excluir o direito à evolução dos seres diante dessas afirmativas?

No livro *Entre a Terra e o Céu*, FEB, Rio de Janeiro, 1972, 5.ª edição, capítulo XXIX, o Mentor Clarêncio ensina através de André Luiz:

> É por isso que, conduzidos à reconstituição orgânica, revivemos, nos primeiros tempos da organização fetal, embora apressadamente, todo o nosso pretérito biológico. Cada ser que retoma o envoltório físico revive, automaticamente, na reconstrução da forma em que se exprimirá na Terra, todo o passado que lhe diz respeito, estacionando na mais alta configuração típica que já conquistou, para o trabalho que lhe compete, de acordo com o degrau evolutivo em que se encontra.

Esse ensinamento do plano espiritual está de acordo com a afirmativa aceita pelos homens quando em 1891 Haeckel anunciou que a Ontogênese repete a Filogênese. Vamos trocar em miúdos. Quando o novo corpo começa a ser formado (Ontogênese) no interior do útero materno, mais precisamente no início do desenvolvimento fetal, o ser apresenta aspectos (Filogênese) que lembram os animais inferiores. Em uma determinada idade o feto humano em desenvolvimento apresenta brânquias, conhecidas antigamente como guelras, que são as fendas situadas atrás da boca por onde o peixe respira. Continuando o seu crescimento, o feto perde essas brânquias que os peixes apresentam ao longo da sua existência. O que não se pode negar é que o feto humano, por um período breve, passa em sua forma pelo aspecto que lembra os peixes. Nem por isso o corpo humano deixa de ser formado. Nem por isso, aquela pessoa que tem moral deixa de tê-lo. Apenas o aspecto externo lembra os animais por onde passamos ao longo da nossa jornada em busca da perfeição. O ser espiritual, valendo-se desse corpo, cresce ou não durante a sua estadia na Terra. Da mesma forma, o princípio imortal que estagia no animal e que se desprende desse corpo após a morte, continua a sua evolução.

No livro *Sexo e evolução*, FEB, Rio de Janeiro, 4.ª edição, 1994, Walter Barcelos, no capítulo 22, assim se pronuncia:

A vida vem de Deus e pertence a Deus, pois a vida é a presença de Deus em toda parte.

Deus criou a vida de tal forma que tudo nela caminhará dentro da lei da evolução.

O Pai não criou nada para ficar na estagnação eterna.

A vida, em essência, é evolução. É o que Emmanuel esclarece com profundidade no livro *O consolador*: "Na conceituação dos valores espirituais, a lei é de evolução para todos os seres e coisas do Universo." Todos os seres e coisas do Universo estão sujeitos à lei de evolução, porque todos têm a capacidade intrínseca de assimilar, acumular, armazenar, aprender, desenvolver-se, crescer, progredir e aperfeiçoar-se com as Leis Divinas, na sucessividade das experiências nos milênios, tanto na vida física, como na vida espiritual. Fomos criados na condição de simples e ignorantes e nada nos foi dado pronto, mas, sim, conquistado por evolução, ou seja, todo ser vivo deverá sempre executar algum trabalho, a fim de memorizar, aprender, repetir quantas vezes necessárias e desenvolver-se.

Novamente notamos que o termo "todos" continua sendo empregado para indicar o direito à evolução que é uma constante nas afirmativas dos Espíritos, estando plenamente de acordo com a justiça perfeita de Deus. Somente o homem, por orgulho e vaidade, não é capaz de enxergar que esse direito é de todos os seres e coisas do Universo.

Professor Herculano Pires em seu livro *Concepção existencial de Deus*, Editora Paideia, São Paulo, 1.ª edição, página 53, nos ensina:

"Deus é imanente no mundo e todas as coisas e todos os seres nascem d'Ele, como as fontes e os vegetais."

Imanente é aquele que está unido de forma inseparável de sua natureza. Deus é assim porque tudo deriva d'Ele. Se tudo deriva d'Ele determina a Sua justiça que todos tenham o mesmo direito. Estariam os animais fora dessa justiça? Passemos agora para os ensinamentos de Emmanuel sobre a evolução animal. Não fiquem preocupados porque esse Espírito é mais breve em suas colocações:

> E, como o objetivo desta palestra é o estudo dos animais, nossos irmãos inferiores, sinto-me à vontade para declarar que todos nós já nos debatemos no seu acanhado círculo evolutivo. São eles os nossos parentes próximos, apesar da teimosia de quantos persistem em o não reconhecer.
>
> Considera-se, às vezes, como afronta ao gênero humano a aceitação dessas verdades. E pergunta-se como poderíamos admitir um princípio espiritual nas arremetidas furiosas das feras indomesticadas, ou como poderíamos crer na existência de um raio de luz divina na serpente venenosa ou na astúcia traiçoeira dos carnívoros. Semelhantes inquirições, contudo, são filhas de entendimento pouco atilado. Atualmente, precisamos modificar todos os nossos conceitos acerca de Deus, porquanto nos falece autoridade para defini-Lo ou individualizá-Lo. Deus existe. Eis a nossa luminosa afirmação, sem poder, todavia, classificá-Lo em sua essência. Os que nos interpelam por essa forma, olvidam as histórias de calúnias, de homicí-

dios, no seio das perversidades humanas. Para que o homem se conservasse nessa posição especial de perfectibilidade única, deveria apresentar todos os característicos de uma entidade irrepreensível, dentro do orbe onde foi chamado a viver. Tal não se verifica e, diariamente, comentais os dramas dolorosos da Humanidade, os assassínios, os infanticídios nefandos, efetuados em circunstâncias nas quais, muitas vezes, as faculdades imperfeitas dos irracionais agiriam com maior benignidade e clemência, dando testemunho de melhor conhecimento das leis de amor que regem o mecanismo do mundo.

Ao invés de o homem se orgulhar de ter superado tantas barreiras atravessando as espécies para ingressar no reino hominal, prefere sentir-se ofendido quando se levanta a hipótese de por lá ter estagiado. Como bem coloca Emmanuel, alegar a ferocidade encontrada no reino animal para recusar nosso estágio por esse reino, não é válido porque o homem, muitas vezes, é mais violento do que esses mesmos animais no mal que é capaz de causar ao seu semelhante. Deus existe, então não podemos abrir mão de que Ele é a justiça perfeita. Essa justiça que não erra, não poderia ter criado seres eternamente voltados à pequenez sem o direito de progredir.

Continua ensinando Emmanuel sobre o processo evolutivo, desse movimento contínuo dos seres para algo maior e melhor:

De milênios remotos, viemos todos nós, em pesados avatares.

Da noite dos grandes princípios, ainda insondável para nós, emergimos para o concerto da vida. A origem constitui, para o nosso relativo entendimento, um profundo mistério, cuja solução ainda não nos foi possível atingir, mas sabemos que todos os seres inferiores e superiores participam do patrimônio da luz universal.

Em que esfera estivemos um dia, esperando o desabrochamento de nossa racionalidade? Desconheceis ainda os processos, os modismos dessas transições, etapas percorridas pelas espécies, evoluindo sempre, buscando a perfeição suprema e absoluta, mas sabeis que um laço de amor nos reúne a todos, diante da Entidade suprema do Universo.

(...) Estendei até eles a vossa concepção de solidariedade e o vosso coração compreenderá, mais profundamente, os grandes segredos da evolução, entendendo os maravilhosos e doces mistérios da vida.

Emmanuel é bastante humilde em reconhecer que nada ou muito pouco sabemos sobre a Vida, sobre o próprio Deus. Quem é que pode negar isso ou afirmar aquilo no estágio evolutivo em que nos encontramos? O quanto realmente somos melhores moralmente falando do que os animais? Por que supor que Deus agiria à nossa imagem e semelhança cometendo injustiças com os animais, discriminando esse ou aquele ser menor que Ele mesmo criou? Com que direito aspiramos ingressar um dia no reino dos Espíritos perfeitos? Não podemos partir nessa direção discriminando aqueles que são mais novos do que nós na obra da Criação. Qual a certeza de que fomos criados prontinhos para o reino hominal? Isso seria compatível com uma justiça absolutamente perfeita só por que nos privilegiaria? Privilégios não estão de acordo com a justiça sob o risco de maculá-la. Que orgulho e egoísmo são esses que nos faz sentir a obra-prima do Universo? DEUS, a Inteligência suprema, criador de tudo e de todos, não comporta exceções na obra de Sua criação. Pensemos sobre essa afirmativa, desprovidos do orgulho e da vaidade que ainda nos caracteriza como seres muito mais próximos do reino animal do que do reino angelical.

É muito gratificante quando aprendemos amar aos animais, chegar em casa após o trabalho e encontrarmos o animal da nossa casa feliz com o nosso retorno. Cachorros e humanos convivem desde épocas imemoriais. Na antiga Grécia, os pacientes saíam em caminhadas junto aos cachorros para confortar-se e buscar alguma melhora. Sigmund Freud permitia que cachorros compartilhassem um espaço terapêutico com seus pacientes. Os cães não julgam, são perceptivos e, também, produzem uma sensação de bem-estar que exerce uma influência benéfica na saúde. O segredo reside no sistema nervoso central onde se pesquisa que o contato com o animal induz à liberação de endorfinas, produzindo uma sensação semelhante a de quando comemos chocolate. Esse contato reduz a pressão arterial e o nível de estresse e ansiedade. Por isso, as terapias que utilizam animais aumentam em todo mundo.

Dentro da zooterapia, campo terapêutico que utiliza animais, os cachorros protagonizam três modalidades: a terapia assistida com cachorros, os cachorros de visita e os assistenciais. A primeira proposta se baseia na ligação entre o homem e o animal. Um dos locais de sua utilização é na chamada síndrome de Down, no autismo, na depressão. Vejam bem que estamos falando em apoio à terapia tradicional e não em substituição pelo tratamento com animais. O cachorro funcionaria como "coterapeuta" com a supervisão de uma equipe multidisciplinar. A movimentação do cão auxilia como estímulo ao desenvolvimento da motricidade no paciente. Além disso, assear e alimentar um animal de estimação incentiva a responsabilidade sobre um outro ser vivo, enquanto que o carinho do animal pelo dono pode funcionar como uma poderosa fonte de relaxamento. Há também ganho nos terrenos do impulso lúdico, estimulação múltipla, melhoras na comunicação verbal e não verbal, desenvolvimento da empatia e da socialização.

Dissemos que os cães funcionariam em três categorias. A segunda opção denominada de cachorros de visita, é um furor no Japão com a tendência de se ampliar para outros locais do mundo. Nessa modalidade, é permitido que o ser humano conviva, durante um determinado tempo, na presença desses cachorros, seja no local de trabalho, na escola ou, até mesmo, em hospitais. A

O AMOR PELOS ANIMAIS — 147

ideia é conjugar o estímulo da atividade diária com o prazer que proporciona o afeto e a companhia dos cães.

Na terceira categoria estão os cachorros de serviço, fiéis companheiros de pessoas cegas, quando esses animais são treinados para ajudá-las na vida cotidiana. Vou citar alguns fatos de animais que foram heróis em relação aos seus donos e cujos registros estão divulgados de maneira abundante pela internet.

A americana Debbie Parkhurst, moradora em Wychoff, Nova Jersey, em maio de 2007, engasgou-se com um pedaço de maçã e foi salva, segundo os registros, pelo seu cão Toby, pelo fato de o animal bater com as suas patas no tórax da mulher.

Em agosto de 2008, um cachorro poddle misturado com cocker spaniel, afugentou uma ursa do quintal da residência de sua dona em Wyckoff, Nova Jersey.

Em Tennessee, Estados Unidos, em janeiro de 2009, a mula "Lou", segundo o seu dono, Jolene Salomon, alertou-o de um incêndio que destruiu a casa onde morava.

Um pastor alemão, Buddy, em setembro de 2008, acionou o serviço de emergência americano (911), em Phoenix, colocando a pata sobre uma tecla do telefone previamente programada, ao ver o seu dono Joe Stalnaker caído ao chão.

A cadela chiahuahua, Zoey, em julho de 2007, salvou uma criança de um ano de ser picada por uma cobra cascavel no Colorado, EUA.

A aposentada Grace George, em julho de 2008, conta que o seu gato Boo Boo, salvou-a de morrer em um incêndio em sua própria casa, miando desesperadamente na janela de seu quarto.

Na rodovia Costanero, no Chile, em reportagem divulgada pelos canais de televisão, um cachorro arrastou o companheiro atropelado no meio da rodovia para as margens da mesma, na tentativa de salvá-lo.

No oeste do Canadá, um garoto de nome Austin Forman, foi salvo do ataque de um puma pelo seu cachorro chamado Angel, um golden retriever.

Esses fatos se multiplicam a centenas registrados na internet.

Ao mesmo tempo, recordamos que muitos seres humanos sequestram, matam, corrompem, planejam a morte dos próprios pais, abandonam no lixo o filho recém-nascido e tantos crimes mais que a maldade do homem é capaz de executar.

Olhando para esses dois tipos de comportamento descritos, fazemos a pergunta: por que concordar que o ser humano evolua por entre esse amontoado de maldades, de crimes onde o mal predomina, até atingir a perfeição, e o animal, capaz de atitudes dignas onde o bem predomina, seja condenado a não evoluir? Se essa é a nossa justiça repleta de orgulho e vaidade, podemos estar certos de que não é essa a justiça de Deus.

Quem ama, protege

É ESTRANHA A atitude de muitas pessoas que dizem amar os animais, mas não têm coragem de se inteirar do que eles sofrem. Dizem esses companheiros que, de tanto amar, não conseguem ler coisas tristes que acontecem com os animais. Como protegê-los se ficamos omissos a esse sofrimento? E como fazer alguma coisa para que esse sofrimento acabe se preferimos ignorá-lo? Se adotarmos a atitude cômoda de procedermos como se nada estivesse acontecendo, os animais a quem amamos continuarão a sofrer sob a crueldade que determinados seres humanos a eles impõe. Você está disposto a conhecer para poder engrossar a fileira daqueles que pedem um basta a esse tratamento desumano para com esses seres vivos que têm direito de ser respeitados e tratados com humanidade? Pelo menos era assim que Francisco de Assis entendia. Era assim que Francisco Cândido Xavier procedia. E era assim também que um grande Espírito de escol, Albert Schweitzer, se posicionava diante dos seres menores da existência criados por Deus.

Para que a leitura fique mais amena, falemos um pouco dessa alma grandiosa. Albert Schweitzer nasceu em uma aldeia da Alsácia, região que fica no nordeste da França, em 1875. Era uma alma que extrapolava os valores desse mundo. Sua sensibilidade para a música beirava a dor. É relato dele que, ainda muito pequeno, ao ouvir pela primeira vez duas vozes cantando em dueto, teve de encostar-se à parede para não cair tamanha era a sua sensibilidade musical. Com cinco anos começou a tocar piano. Mas a sua paixão na música foi pelo órgão de tubos da igreja na qual seu pai era pastor. Sim, Albert Schweitzer era evangélico. Aos nove anos já era o organista oficial da igreja. Essa alma de escol doutorou-se em música e tornou-se o maior intérprete de Bach na Europa!

Meditemos um pouco sobre isso. Tornou-se o maior intérprete de Bach na Europa, dando concertos continuadamente. Doutorou-se também em teologia e escreveu um dos maiores livros nessa área do século passado: *A busca do Jesus histórico*. Não parou por aí. Doutorou-se também em filosofia e foi professor na Universidade de Estrasburgo, fronteira entre a França e a Alemanha! Já imaginaram de que inteligência esse homem era possuidor? Foi pastor e pregador consagrado. Esse homem, raro na história da humanidade, aos vinte anos fez um trato com Deus. Até aos trinta anos ele faria tudo aquilo que lhe dava prazer: concertos musicais, falaria sobre literatura, teologia e filosofia. Aos trinta anos deixaria de viver para si mesmo e se entregaria aos seus semelhantes! E assim o fez. Entrou para uma faculdade de medicina, doutorou-se e mudou para a África, em Lambarené, no Gabão, para tratar de leprosos! Entregou a sua existência aos sofredores vivendo entre eles até desencarnar! Albert Schweitzer era um homem alto, 1,90 metro, forte, cabelos castanhos que se tornaram grisalhos, um grande bigode, olhos azuis profundos e bondosos. Esse homem tinha a sensibilidade de afagar um veadinho que nele se esfregava pedindo carinho. Deixava a caneta sobre a mesa e a sua mão grande afagava o animal que dele se aproximava. Não suportava ver o sofrimento dos animais em cativeiro. Dizia que detestava exibições de animais amestrados porque aquelas criaturas tinham que passar por muito sofrimento para dar uns poucos momentos de prazer a homens vazios de qualquer pensamento ou sentimento por eles. Já deu para perceber a grandiosidade dessa alma? Se ainda não deu, vamos a mais algumas informações.

Schweitzer amava todas as coisas vivas. Ele sabia que por vezes era preciso que coisas vivas fossem mortas para que outras vivessem. Por exemplo: para que vacas vivessem, era preciso cortar com ceifadeira a relva florida que era transformada em alimento para os animais. Mas, Schweitzer sofria quando as ceifadeiras iam esmagando flores sem necessidade, após a colheita do necessário para a alimentação de animais. Perceberam a sensibilidade dessa alma? Ela não lembra Francisco de Assis que a tudo chamava de irmãos? A ética desse homem era o respeito por tudo que fosse vivo. No entender dele tudo que é vivo tem o desejo de viver. Tudo que é vivo tem o direito de viver. Entendemos da mesma forma que ele? Respeitamos os seres vivos como ele? Quantas vezes não pisoteamos flores? Quantas vezes pessoas insensíveis não pisoteiam pequenos animais indefesos que rastejam ansiosos por viver? Quantos milênios necessitaremos ainda para atingirmos tal sensibilidade?

Bem, até agora falamos de um ser maravilhoso. Agora falaremos um pouco sobre a dor que o homem impõe aos seus irmãos mais novos, os animais. Não pare a leitura por aqui. O sofrimento deles precisa do nosso socorro e não podemos socorrer se desconhecemos o que passam.

O livro do qual retiramos as informações que se seguem chama-se *Libertação animal*. Seu autor é Peter Singer. Nesse livro ele descreve a tortura secular que os animais sofrem nas mãos do ser humano que se julga o máximo na obra da Criação, como se toda a violência que o planeta presencia não fosse um atestado de incapacidade total para representarmos toda a grandiosidade de Deus. Como se no Universo que não cessa de se expandir, outros seres muito mais perfeitos do que os habitantes da Terra, com capacidade de amar de maneira mais plena não existissem. Aliás, se você não sabe, em Roma, quando se cansavam de martirizar cristãos, os romanos torturavam animais nas arenas. Lançavam em luta de vida ou morte touros contra ursos; ursos contra tigres; touros contras esses felinos; envolviam também elefantes quando o prazer lamentável daqueles seres humanos (humanos?) assim exigia. Será que estamos muito longe disso nos dias atuais? Que pensar sobre as rinhas clandestinas de briga de galos, de cachorro? Como analisar as touradas onde animais são torturados antes de serem mortos pela estupidez dos homens sedentos de sangue, de dor dos animais? O que pensar das pescarias esportivas onde o poderoso e pouco evoluído ser humano transfixa com os anzóis a boca desses seres que também anseiam por viver? Estaremos muito longe dos romanos de há mais de dois mil anos com todo o conhecimento que o Cristianismo nos trouxe?

Denuncia no seu livro Peter Singer, inúmeras torturas que os animais sofrem nos Estados Unidos e em outros países do mundo. Se amamos verdadeiramente, temos que ter a coragem que esse autor teve de denunciar para que o amor trabalhe em favor desses animais que sofrem tanto. Amar e nada fazer é pior do que aqueles que não gostam dos animais e viram as costas ao seu sofrimento. Leiamos um dos trechos desse livro:

Em 2008, dezenas de milhões de norte-americanos, horrorizados e estupefatos, assistiram no noticiário noturno a um vídeo clandestino que mostrava bovinos doentes, incapazes de andar, sendo chutados, submetidos a choques elétricos, golpeados nos olhos com pedaços de madeira e carregados com uma empilhadeira para que pudessem chegar ao local onde seriam abatidos e processados para virar carne.

Se você crê realmente em Deus, o que acha dessa atitude do famoso ser humano em relação aos seus irmãos mais novos?

O filósofo Jeremy Bentham, assim se expressou diante do sofrimento que os homens impõe aos animais: *Talvez chegue o dia em que o restante da criação animal venha a adquirir os direitos que jamais poderiam ter-lhe sido negados, a não ser pela mão da tirania.*

A questão, continua o filósofo, não é se os animais são capazes de raciocinar, se são capazes de falar, mas sim *se eles são capazes de sofrer!*

Se você ama os animais precisa se inteirar do que é o famoso teste Draize. Nesse teste novas substâncias químicas que irão ser utilizadas em alvejantes, xampu, tinta, cosméticos, corantes alimentícios, etc., são colocadas nos olhos de coelhos. Os animais ficam colocados em aparelhos capazes de imobilizá-los completamente. A substância a ser testada é colocada gradativamente no olho do animal. Esse processo leva dias para se ver o efeito do estrago que é produzido no olho da cobaia. No final desses testes que o bondoso ser humano promove, o olho da cobaia se transforma numa chaga viva. Imaginem o que passa o animal até chegar a esse ponto!

É preciso conhecer um pouco mais para que o nosso amor pelos animais saia do comodismo e passe para a prática de protestar contra o seu sofrimento.

Em julho de 1973, o deputado Les Aspin, de Wiscosin, soube, através de um anúncio em um jornal obscuro, que a força aérea norte-americana planejava comprar duzentos cachorros da raça *beagle* com as cordas vocais operadas, para que não latissem, a fim de testar gases venenosos.

A crueldade para com os animais nunca se satisfaz e ficaríamos aqui escrevendo um livro sobre elas. Para não cansá-lo, entretanto, reproduzimos uma das mais brutais experiências que ficamos sabendo sobre animais.

Em 1984 no caso das pesquisas realizadas por Thomas Gennarelli, na Universidade da Pensilvânia, propunha ele provocar lesões na cabeça de macacos e, a seguir, examinar a natureza dos danos cerebrais. De acordo com os documentos oficiais de concessão de bolsas, os macacos deveriam ser *anestesiados* antes de sofrer os ferimentos. Assim, parecia que os experimentos não envolveriam sofrimento. Mas membros de um grupo chamado Animal Liberation Front (Frente de Libertação Animal) tinham informações diferentes. Ficaram sabendo que Gennarelli gravara os testes em vídeo. Arrombaram o laboratório e roubaram as fitas. Quando assistiram-nas, viram babuínos *conscientes, sem anestesia,* debatendo-se enquanto eram amarrados, antes de receber golpes na cabeça. Viram animais contorcendo-se, aparentemente sem anestesia, enquanto cirurgiões operavam seu cérebro exposto. Também ouviram os pesquisadores zombar e rir do medo e do sofrimento dos animais.

Se você crê verdadeiramente em Deus, pergunte a sua consciência o que ELE deve achar dessa atitude do homem, o ser máximo da obra da Criação na concepção orgulhosa e vaidosa desse mesmo ser humano que, com essas atitudes, se arremete ao menor degrau da escala evolutiva moral.

Você, na sua inocência, deve estar pensando assim: mas os experimentos em animais são necessários para curar as enfermidades do ser humano. Será mesmo? Veja essa notícia contida no livro de Peter Singer, *Libertação animal:*

> Há muito os toxicólogos sabem que a extrapolação (das experiências) de uma espécie para outra é um procedimento extremamente arriscado. A droga mais conhecida por provocar danos inesperados em seres humanos é a talidomida – *que foi extensivamente testada em animais* antes de ser liberada. Mesmo depois da suspeita de que a substância provocava disformias em seres humanos, nenhum dos testes de laboratório provocou deformidades em cadelas, gatas, ratas, macacas e hamsters prenhes, nem em

galinhas. Elas apareceram apenas quando uma raça específica de coelhos foi testada. Mais recentemente, o Opren foi aprovado em todos os testes habituais com animais antes de ser liberado e amplamente anunciado por seu fabricante, o gigante do ramo farmacêutico, Eli Lilly, como uma nova droga maravilhosa para o tratamento da artrite. O medicamento foi retirado do mercado na Grã-Bretanha após 61 óbitos e mais de 3.500 casos registrados de reações adversas. Outras drogas consideradas seguras após terem sido testadas em animais, mas que, mais tarde, mostraram-se nocivas a seres humanos são o Practolol, para cardiopatias, que provoca cegueira, e o antitussígeno Zipeprol, que provoca convulsões e coma em alguns doentes.

A insulina é capaz de provocar deformidades em coelhinhos e camundongos, embora não cause efeito semelhante em seres humanos. A morfina, calmante para as pessoas que dela necessitam, provoca frenesi em ratos. Se a penicilina fosse julgada por sua toxicidade em cobaias, talvez jamais tivesse sido utilizada no homem.

E agora, como fica a necessidade de impor sofrimento brutal aos animais para pesquisas?

Um brilhante filósofo do século XVII, René Descartes, embora um homem de muita inteligência, semeou a dor na intensidade máxima aos animais por defender a ideia de que o animal não tinha alma e, portanto, não sofria. A partir desse infeliz e cruel pensamento, os animais viraram meras máquinas de experiências. Eram dissecados vivos, amarrados a pedaços de madeira e, embora se debatessem desesperadamente e emitissem os sons característicos da dor violenta que sofriam até morrer, esse sofrimento todo não conseguiu convencer ao filósofo e seus seguidores que realmente esse sofrimento era desesperador, incompatível com a bondade do Criador e muito menos com a bondade de homens que se julgam a obra máxima da Criação! René Descartes se imortalizou na filosofia, mas, com certeza, maculou sua consciência para os dias futuros da sua existência como Espírito imortal.

Um grande escritor judeu, Bashevis Singer, escreveu que em seu comportamento com os animais, todos os homens são nazistas.

Demos uma pequena amostra do que padecem os animais diante da insensibilidade do homem comum. Sim, do homem que se arrasta no início da jornada evolutiva incapaz de afagar um cervo como fez o grandioso Espírito Albert Schweitzer.

Quem verdadeiramente ama faz alguma coisa para o bem-estar do ser amado e voltar a cabeça para não ver o que esses irmãos mais novos padecem, é praticar o crime da omissão ou da conivência ou talvez os dois.

Diário de um cão

ONDE LI ESSE "diário" não havia o nome do seu autor. Com certeza ele ama os animais como todos nós, ou até mais do que nós. Caso contrário não teria essa sensibilidade para retratar a realidade de tantos animais e a crueldade de tantos seres humanos. Vamos a ele:

Primeira semana
— Hoje completei uma semana de vida. Que alegria ter chegado a este mundo!

Dois meses
— Hoje me separaram de minha mamãe. Ela estava muito inquieta e, com seu olhar, disse-me adeus. Espero

que a minha nova "família humana" cuide tão bem de mim como ela o fez.

Quatro meses

— Cresci rápido. Tudo me chama a atenção. Há várias crianças na casa e para mim são como "irmãozinhos". Somos muito brincalhões. Eles me puxam o rabo e eu os mordo de brincadeira.

Cinco meses

— Hoje me deram uma bronca. Minha dona se incomodou porque fiz "pipi" dentro de casa. Mas nunca me haviam ensinado onde deveria fazê-lo. Além do que, durmo no hall de entrada. Não deu para aguentar!

Oito meses

— Sou um cão feliz! Tenho o calor de um lar. Sinto-me tão seguro, tão protegido... Acho que a minha família humana me ama e me consente muitas coisas. O pátio é todinho para mim e, às vezes, me excedo, cavando na terra como os meus antepassados, os lobos quando escondiam as coisas. Nunca me educam. Deve ser correto tudo o que faço!

Doze meses

— Hoje completo um ano. Sou um cão adulto. Meus donos dizem que cresci mais do que eles esperavam. Que orgulho devem ter de mim!!

Treze meses

— Hoje me acorrentaram e fico quase sem poder movimentar-me até onde tem um raio de sol ou quando quero alguma sombra.

Dizem que vão me observar e que sou um ingrato. Não compreendo nada do que está acontecendo.

Quinze meses

— Já nada é igual... Moro na varanda. Sinto-me muito só. Minha família já não me quer.

Às vezes tenho fome e sede.

Quando chove, não tenho teto que me abrigue...

Dezesseis meses

— Hoje me desceram da varanda. Estou certo de que minha família me perdoou. Eu fiquei tão contente que pulava com gosto. Meu rabo parecia um ventilador. Além disso, vão levar-me a passear em sua companhia!

Nos direcionamos para a rodovia e, de repente, pararam o automóvel. Abriram a porta e eu desci feliz, pensando que passaríamos nosso dia no campo.

Não compreendo porque fecharam a porta e se foram. "Ouçam!" "Esperem!". Lati. Esqueceram-se de mim... Corri atrás do carro com todas as minhas forças. Minha angústia crescia ao perceber que quase perdia o fôlego e eles não paravam.

Haviam me esquecido.

Dezessete meses

— Procurei em vão achar o caminho de volta ao lar. Estou e sinto-me perdido! No meu caminho existem pessoas de bom coração que me olham com tristeza e me dão algum alimento. Eu lhes agradeço com o meu olhar, desde o fundo de minh'alma. Eu gostaria que me adotassem: seria leal como ninguém!

Mas somente dizem: "pobre cãozinho, deve ter se perdido."

Dezoito meses

—Um dia destes, passei perto de uma escola e vi muitas crianças e jovens como meus "irmãozinhos" que me deixaram na estrada.

Aproximei-me e um grupo deles, rindo, me jogou uma chuva de pedras "para ver quem tinha melhor pontaria". Uma dessas pedras feriu-me o olho e, desde então, não enxergo com ele.

Dezenove meses

— Parece mentira. Quando estava mais bonito, tinham compaixão de mim. Já estou muito fraco. Meu aspecto mudou. Perdi o meu olho e as pessoas me mostram a vassoura quando pretendo deitar-me numa pequena sombra.

Vinte meses

— Quase não posso mover-me! Hoje, ao tentar atravessar a rua por onde passam os carros, um me atropelou. Eu estava no lugar seguro chamado "calçada", mas nunca esquecerei o olhar de satisfação do condutor que até se vangloriou por acertar-me. Quisera ter morrido, mas só me deslocou as cadeiras! A dor é terrível! Minhas patas traseiras não me obedecem mais e com dificuldade arrastei-me até a relva na beira do caminho. Faz dez dias que estou embaixo do sol, da chuva, do frio, sem comer. Já não posso mexer-me! A dor é insuportável! Sinto-me muito mal. Fiquei num lugar úmido e parece que até o meu pelo está caindo...

Algumas pessoas passam e nem me veem. Outras dizem: "Não chegue perto."

Já estou quase inconsciente, mas alguma força estranha me faz abrir os olhos. A doçura de sua voz me fez reagir.

"Pobre cãozinho, olha como te deixaram", dizia.

Junto com ela estava um senhor de avental branco. Começou a tocar-me e disse: "Sinto muito senhora, mas este cão já não tem remédio. É melhor que pare de sofrer."

A gentil dama, com lágrimas rolando pelo rosto, concordou.

Como pude, mexi o rabo e olhei-a agradecendo-lhe que me ajudasse a descansar. Somente senti a picada da injeção e dormi para sempre pensando em por que tive que nascer se ninguém me queria?

Muitos animais abandonados se enquadram nesse "diário", infelizmente. Chico Xavier ensinava que a pessoa que maltrata um animal ainda não aprendeu a amar. Os animais fazem parte dos planos de Deus e ninguém impõe a eles qualquer tipo de sofrimento sem agendar para si mesmo futuros encontros com a dor. Quem preferir duvidar, e esse é um direito de qualquer ser humano, que duvide, mas na hora em que o sofrimento visitar a sua própria consciência talvez encontre a resposta na maldade praticada contra um desses seres indefesos e inocentes como os animais.

O apelo de Cairbar Schutel

ANTES DE TRANSCREVERMOS o maravilhoso apelo desse Espírito superior que foi um desbravador do Espiritismo na região Araraquarense no início do século XX, pedimos a sua atenção para uma mensagem do grandioso Espírito Victor Hugo ocorrida na noite de 7 de julho de 1921. Destacaremos do texto, como fizemos em todo o transcorrer do livro, as palavras que norteiam o raciocínio em direção ao direito de evolução de todos os seres:

> O mundo progride; *a matéria transforma-se e aperfeiçoa-se;* a força afirma-se e intensifica-se; o Espírito aclara-se e impera; do atrito de duas pedras chispam faíscas, das faíscas vem o fogo, e do fogo brota a luz!

O mundo nasceu nas pedras, cresceu no fogo e viverá na luz! Tudo brilha, tudo vive, tudo caminha, tudo evolui!

As pedras brilham na Terra, as almas fulgem nos Céus; os corpos falam e agem; os Espíritos pensam e sentem; *tudo se movimenta, tudo marcha, almas e corpos, estes para a transformação, aquelas para a imortalidade!*

O mundo nasceu para viver, como o fogo para aquecer, a luz para iluminar.

O nada não existe: trevas, mortes, sepulcros, não são mais que berços que acalentam as variadas formas da Vida para entregá-las à Eternidade.

A Natureza é muito grande e muito rica para criar, educar e dotar os seres que admiram as suas glórias, que se extasiam aos seus esplendores!

Não há vácuos, hiato, nem lacuna que lhe desvalorize o mérito; *tudo se liga, tudo se afirma, tudo se completa na Obra Divina da Criação.* O mundo sobe e se transforma, a força vibra e se acentua, o Espírito cresce e se eleva!

Tenhamos fé! A inteligência ilumina suas esferas, e as consciências despertam maravilhadas para a Luz; os Espíritos caminham pressurosos para a Verdade!

Tenhamos fé! O mundo progride. O mundo marcha, o mundo voa; as duas "pedras" chocam-se e do seu encontro ressaltam claridades que iluminam a Terra!

O mundo progride, o Espírito impera!

Tenhamos fé! Com os olhos voltados para o céu é que a alma vê o brilho das estrelas, o poder de Deus!

Como podemos constatar, as várias opiniões dos Espíritos superiores que colecionamos no transcorrer das páginas desse livro, apontam para o direito à evolução de tudo o que Deus criou, por uma questão de justiça. Obviamente que, quanto mais elevado o Espírito é, menos impõe as suas ideias, mas é sempre bom o menos evoluído ouvir o que está adiante. É de boa cautela os que sabem menos escutar os que mais sabem. Pelo menos pararmos para analisar o assunto dentro de uma nova ótica, sem preconceitos, com menos orgulho e egoísmo. Allan Kardec foi definido como o bom-senso encarnado. Se quisermos sinceramente compreendê-lo, só conseguiremos se agirmos com bom-senso. Que tal começarmos agora?

Não poderíamos encerrar esse livro de maneira melhor do que com o apelo em favor dos animais, contido no livro *Gênese da alma*, de autoria de Cairbar Schutel quando ainda encarnado na cidade de Matão.

> Vós que vedes luzes nestas letras, que traçam a estrada da Evolução Espiritual, e não vos achais mais escravizados pelo 'gênio do mundo', a erva que seduz, às flores que encantam, tende compaixão dos pobres animais, não os espanqueis, não os maltrateis, não os repudieis!
>
> Lembrai-vos, amigos meus, que o Pai, em sua infinita misericórdia cerca-os de carinhos, e, prevendo a deficiência de seus Espíritos infantis, lhes dá fartas colheitas sem a condição de que semeiem ou plantem: prados cobertos

de ervas e flores odorosas, bosques sombrios, planícies e planaltos, onde não faltam o fruto da vida; rios, lagos e mares, por onde se escoam os raios do Sol, a luz da Lua, o brilho das estrelas!

Sede bons para com os vossos irmãos inferiores, como desejais que o Pai celestial vos cerque de carinho e de amor!

Não encerreis em gaiolas os pássaros que Deus criou para povoarem os ares, nem armais ciladas aos animais que habitam as matas e os campos!

Renunciai às caçadas, diversão vil das almas baixas, que se alegram com os estertores das dores alheias, sem pensar que poderão também ter dores angustiosas, e que, nesses momentos, em vez de risos e alegria, precisarão de bálsamo e misericórdia!

Homens! Tratai bem os vossos animais, limpai-os, curai-os, alimentai-os fartamente, dai-lhes descanso, folga no serviço, porque são eles que vos ajudam na vida, são eles que vos auxiliam na manutenção da vossa família, na criação dos vossos filhos!

Senhores! Acariciai os vossos ginetes, os vossos cães, dai-lhes remédio na enfermidade, tratamento, liberdade e repouso na velhice!

Carroceiros! Não sobrecarregueis os vossos burros e os vossos cavalos como fazem os escribas e fariseus: impondo-lhes pesados fardos que eles, nem com a ponta do dedo os querem tocar!

Lembrai-vos que os animais são seres vivos, *que sen-*

tem, que se cansam, que têm força limitada, e finalmente, que pensam, e que, em limitada linguagem, acusam a sua impotência, a sua fadiga irreparável aos golpes do relho e das bastonadas com que os oprimis!

Sede benevolentes, porque também em comparação aos Espíritos Divinos, de quem implorais luz e benevolência, sois asnos sujeitos à ação reflexa do bem e do mal.

Senhores e matronas! Moços, moças e crianças! Os animais domésticos são vossos companheiros de existência terrestre; como vós, eles vieram progredir, estudar, aprender! *Sede seus anjos tutelares, e não anjos diabólicos e maléficos, a cercá-los de tormentos, a infringir-lhes sofrimentos!*

Sede benevolentes para com os seres inferiores, como é benevolente, para com todos, o nosso Pai que está nos Céus!

Chegamos ao final desse nosso diálogo sobre os animais, nossos irmãos mais novos como tão bem se referia a eles Chico Xavier.

Desfilaram por essas páginas a opinião dos Espíritos Superiores que amparam a nossa evolução. A eles creditamos o mérito dessas linhas através da via intuitiva. Agradecemos esse amparo amigo que do mundo dos Espíritos recebemos. Agradecemos também a você que nos acompanhou até aqui. Se a partir desse momento conseguirmos fazer com que pelo menos uma pessoa consiga enxergar nos animais irmãos nossos criados por Deus com direito à evolução, que merecem o nosso respeito e nosso apoio na jornada evolutiva que desenvolvem, estaremos recompensados por toda a nossa existência.

É assim que tudo serve, tudo se coordena na Natureza, desde o átomo primitivo até o arcanjo que, ele mesmo, começou pelo átomo.

Frases soltas

Chegará o dia em que os homens conhecerão o íntimo dos animais e, nesse dia, um crime contra qualquer um deles será considerado um crime contra a humanidade.
Leonardo da Vinci

Os cães amam seus amigos e mordem seus inimigos, ao contrário das pessoas, que tentam misturar amor e ódio.
Sigmund Freud

Se acreditasse na imortalidade, acreditaria que muitos cães iriam para o céu, e poucas pessoas também.
James Thurber

*Não me interessa nenhuma religião cujos
princípios não melhoram nem tomam em
consideração as condições dos animais.*
Abraham Lincoln

*Os cães não são tudo em nossa vida,
apenas a completam.*
Roger Caras

*A civilização de um povo se avalia pela
forma como trata seus animais.*
A. Humbold

*Minha meta na vida é ser uma pessoa tão boa
como meu cão acredita que eu seja.*
Autor desconhecido

*Quando o homem aprender a respeitar até o menor
ser da criação, seja animal ou vegetal, ninguém
precisará ensiná-lo a amar seu semelhante.*
Albert Schweitzer

Um cão médio é melhor que uma pessoa média.
Ardry Rooney

*Se recolhes um cão faminto da rua ele não te morderá;
é a principal diferença entre um cão e um homem.*
Mark Twain

*Não há melhor psiquiatra na Terra do que
um cão lambendo o teu rosto.*
Ben Williams

*A razão dos cães terem tantos amigos é que
movem suas caudas mais que suas línguas.*
Autor desconhecido

*Se os cães não vão para o céu quando
morrem quero ir para onde eles vão.*
Autor desconhecido

*Virá o dia em que a matança de um animal será considerada
um crime, tanto quanto o assassinato de um homem.*
Leonardo da Vinci

*Primeiro foi necessário civilizar o homem em relação
ao próprio homem. Agora é necessário civilizar o
homem em relação à natureza e aos animais.*
Victor Hugo

*Um homem só é nobre quando sentir
piedade por todas as criaturas.*
Buda

*Os animais dividem conosco o privilégio
de ter uma alma.*
Pitágoras

A proteção dos animais faz parte da
moral e da cultura de um povo.
Victor Hugo

Não permitas que ninguém negligencie o peso de sua
responsabilidade. Enquanto tantos animais continuam
a ser maltratados, enquanto o lamento dos animais
sedentos nos vagões de carga não é emudecido, enquanto
prevalecer tanta brutalidade em nossos matadouros, todos
seremos culpados. Tudo o que tem vida tem valor como um
ser vivo, como uma manifestação do mistério da vida.
Albert Schweitzer

De todas as espécies, a humana é a mais detestável,
pois o homem é o único ser que infringe dor
por esporte, sabendo que está causando dor.
Mark Twain

Os destinos dos animais são muito mais importantes
para mim do que o medo de parecer ridículo.
Émile Zola

Falai aos animais em lugar de lhes bater.
Léon Tolstói

Atrocidades não são menores quando ocorrem em laboratórios
ou quando recebem o nome de "pesquisa médica".
George Bernard Shaw

Bibliografia

BARCELOS, Walter. *Sexo e evolução*. 4ª ed. Rio de Janeiro, FEB, 1994.

BOZZANO, Ernesto. *Os animais têm alma?* 6ª ed. São Paulo, Lachâtre, 2009.

DELLANE, Gabriel. *A evolução anímica*. 12ª ed. Rio de Janeiro, FEB, 2004.

FRANCO, Divaldo Pereira & SAID, Cezar Braga. *Joanna e Jesus – uma história de amor*. 1ª ed. Curitiba, FEP, 2011.

KARDEC, Allan. *O evangelho segundo o espiritismo*. 333ª ed. Araras, IDE, 2006.

_____. *O que é o espiritismo*. 19ª ed. Rio de Janeiro, FEB, 2004.

PIRES, José Herculano. *Concepção existencial de Deus*. 1ª ed. São Paulo, Paideia, 1981.

ROMANINI, Carolina. *'A luta contra a crueldade'*. *Veja* (revista). São Paulo, ed. 2181, 2010.

SCHUTEL, Cairbar de Souza. *Gênese da alma.* 6ª ed. Matão, Clarim, 1982.

SÓLER, Amália Domingo. *Memórias do padre Germano.* 21ª ed. Rio de Janeiro, FEB, 1995.

VERGARA, Rodrigo. *'Entre o céu e o inferno'*. *Superinteressante* (revista). São Paulo, ed. 192, 2003.

VIEIRA, Waldo & XAVIER, Francisco Cândido. André Luiz (espírito). *Evolução em dois mundos.* 3ª ed. Rio de Janeiro, FEB, 1971.

XAVIER, Francisco Cândido. André Luiz (espírito). *Entre a Terra e o céu.* 4ª ed. Rio de Janeiro, FEB, 1972.

_____. *Missionários da Luz.* 10ª ed. Rio de Janeiro, FEB, 1976.

_____. *No mundo maior.* 5ª ed. Rio de Janeiro, FEB, 1970.

_____. *Nos domínios da mediunidade.* 7ª ed. Rio de Janeiro, FEB, 1972.

_____. *Os mensageiros.* 8ª ed. Rio de Janeiro, FEB, 1973.

XAVIER, Francisco Cândido. Emmanuel (espírito). *Alvorada do reino.* 1ª ed. São Paulo, IDEAL, 1988.

XAVIER, Francisco Cândido. Espíritos diversos. *Antologia mediúnica do Natal.* 2ª ed. Rio de Janeiro, FEB, 1982.